AMOR
INCONDICIONAL

AMOR
INCONDICIONAL

El poder
de la
hermandad

Gregory Boyle

ORIGEN

Título original:
Barking to the Choir
The Power of Radical Kinship

Primera edición: enero de 2020

© 2017, Gregory Boyle
© 2020, Penguin Random House Grupo Editorial USA, LLC.
8950 SW 74th Court, Suite 2010
Miami, FL 33156

Traducción: María José Hooft
Foto de cubierta: Master1305/ Shutterstock.com

Fragmento de "Astonishment" de *Collected Poems* de Galway Kinnell
Copyright © 2017, The Literary Estate of Galway Kinnell.
Traducido y reproducido con autorización de Houghton Mifflin Harcourt Publishing Company.
Todos los derechos reservados.

ISBN: 978-1-644730-85-0

Impreso en Estados Unidos — *Printed in USA*

Penguin
Random House
Grupo Editorial

Dedicado a
Mike Hennigan,
Marge Sauer
y
Kathleen Conway Boyle

Índice

Introducción 11

Capítulo uno: El tipo aparece 25
Capítulo dos: «Santo aquí» 49
Capítulo tres: «Todos estaban asombrados» 67
Capítulo cuatro: Aquí. Ahora. Esto. 93
Capítulo cinco: Vende tu ingenio 113
Capítulo seis: «El buen camino» 133
Capítulo siete: «Chicos buenos» 155
Capítulo ocho: Los creyentes 181
Capítulo nueve: Exquisita reciprocidad 203
Capítulo diez: Entremos en la hermandad 225

Epílogo 245
Agradecimientos 249
Acerca del autor 251

Introducción

Empezar por el título.

¡Qué pésima forma de escribir un libro!

Aquí estoy, sentado en mi oficina en Homeboy Industries hablando con Ramón, el miembro de una pandilla que trabaja en nuestra panadería. Últimamente ha estado yendo en sentido contrario. Llega tarde a trabajar, a veces ni siquiera llega y sus supervisores me dicen que necesita un urgente cambio de actitud. Se lo estoy explicando, lo estoy instruyendo y estoy tomando el volante para corregir su rumbo. Él me saluda y dice muy confiado:

—Tranquilo, pelado… le estás ladrando a un creyente.

Por supuesto, de inmediato me gustó el combo de su fraseología. Es la mezcla perfecta entre las frases: «ladrar al árbol equivocado» y «predicar a los creyentes». Me gusta. Es un llamado a repensar nuestra situación actual, que ya no está satisfecha con la forma en que el mundo opera y anhela una nueva visión. El mundo está alerta a las formas de confundir y deconstruir.

Lo que en las Escrituras se traduce del griego *metanoia* como «arrepentimiento» significa «ir más allá de la mente que tenemos». Y el «ladrido» está dirigido a «los creyentes», a aquellos que se «arrepienten» y desean realmente algo diferente, una forma completamente distinta de proceder y que buscan «un Dios mejor del que tienen». El evangelio puede proponer un juego en el que muchas veces «los creyentes» pueden encontrarse satisfechos y varados. Esto nos aleja de la hermandad que deseamos, nos lleva a estar constantemente juzgando, compitiendo, comparándonos y con terror, y eso nos impide girar hacia «algo nuevo». Ese «algo» es entrar en la hermandad de Dios... aquí y ahora, y dejar de estar satisfechos con los «castillos en el aire cuando morimos».

Los creyentes son todos aquellos que desean y ansían ampliar su «mirada de amor» hacia lo que está frente a ellos, buscan algo que sea auténtico.

En una reseña reciente del *The New Yorker* sobre los bautistas estadounidenses, el liderazgo de la congregación admitió con resignación el hecho de que la «cultura secular» siempre va a ser «hostil» al cristianismo. Yo no creo que eso sea verdad. Nuestra cultura es hostil solo hacia la forma falsa de vivir el evangelio; huele a hipocresía por todos lados y sabe si los cristianos no toman en serio lo que Jesús tomó en serio. Nuestra cultura, en líneas generales, es hostil con lo que hay que serlo. De hecho, desea adoptar el evangelio de la inclusión y la no violencia, del amor compasivo y la aceptación. Hasta los ateos aprecian este tipo de ideas.

Los seres humanos somos conformistas. Nuestro riesgo como humanos es que nos conformamos con poco. Nos conformamos con la pureza y la piedad, cuando tenemos una invitación a una santidad exquisita. Nos conformamos con estar movidos por el miedo, cuando el amor ansía ser nuestro motor. Nos conformamos con un Dios débil y vengativo, cuando siempre somos empujados hacia este Dios que es extremadamente inclusivo y más grande que la vida misma. Permitimos que nuestro sentido de Dios se atrofie. Nos conformamos con la ilusión de separación, cuando constantemente se nos invita a hermanarnos con todo. Los creyentes se han conformado con poco... y el «ladrido», como un perro ovejero, quiere guiarnos de vuelta a la grandeza del propio deseo de Dios.

Los creyentes son más que «la iglesia» y, en muchos aspectos, Homeboy Industries está llamada a ser *ahora* lo que *finalmente* todo el mundo está llamado a ser. Los creyentes entienden esto. Homeboy quiere dar lugar no solo a la idea de las segundas oportunidades de redención, sino también a un nuevo modelo de iglesia como una comunidad inclusiva de hermandad y cariño. Los creyentes son esas personas que quieren ocupar todos los espacios, no solo Wall Street, y lograr aquí y ahora eso para lo que el mundo fue diseñado. Los creyentes, al final de sus vidas, esperan dar un motivo a esos cuates de la iglesia bautista de Westboro... para protestar en su funeral.

El objetivo de los creyentes es pararse junto a los más vulnerables, cuidar a la viuda, al huérfano, al extranjero y al pobre. Ellos quieren aprender a los pies de los más pequeños y envolverse en un nuevo modelo que derrumbe ese orden antiguo, en algo intensamente subversivo y nuevo.

Comenzar con un título y trabajar al revés.

Han pasado más de treinta años desde que llegué a la iglesia Misión Dolores como sacerdote. Luego, en 1988, en esa comunidad pobre y profética vi nacer Homeboy Industries, que luego se convirtió en el mayor programa del mundo de intervención, rehabilitación y reinserción de pandilleros. Homeboy ha ayudado a comenzar de forma similar 147 programas en los Estados Unidos y 16 programas en otros países, a los que llamamos la Red Global de Homeboy.

Como en mi libro anterior, *Tatuajes en el corazón: el poder de la compasión sin límite*, los ensayos que relato aquí, nuevamente, son historias de tres décadas de interacción diaria con pandilleros que dejan atrás su pasado para vivir llenos de libertad, amor y volver a imaginar un futuro brillante para sí mismos.

Intentaré no ser reiterativo.

Me invitan a dar muchas charlas: talleres, discursos, presentaciones en almuerzos. YouTube es mi desgracia. Puedo ir, por ejemplo, a la Universidad de Findlay, en Ohio, o al Calvin College, en Grand Rapids—(dos lugares a los que nunca he ido—, y siempre habrá un grupo de cuates que han «escuchado antes esa historia». Son cosas que pasan. Una vez me invitaron a dar el discurso inaugural en una reunión anual de Abuelos Sustitutos, en el sur de California. Había hablado en el mismo evento el verano anterior, eran casi las mismas personas y no sé por qué me invitaron dos veranos seguidos. Después de mi plática, una abuela se me acerca. Pienso que le gustó la charla, ya que está llorando. Me toma las manos entre las suyas y dice:

—Te escuché el año pasado —hace una pausa para calmarse—. Nunca mejora.

Quiero creer que se expresó mal y no quiso decir eso.

De todas formas, intentaré no ser repetitivo.

Nunca puedo pensar, respirar o continuar sin historias, parábolas y la sabiduría que gané al conocer a estos hombres y mujeres que encontraron su camino hacia nuestras oficinas en las afueras del Barrio Chino. Estamos en el corazón de Los Ángeles, representando el corazón de Los Ángeles y siempre deseando ser un modelo y dar una muestra de la hermandad que es el sueño de Dios hecho realidad. Homeboy Industries no solo busca unirse a un diálogo, busca crearlo, busca mantener real su objetivo, ensalzar la santidad de las segundas oportunidades y sacudir nuestra actitud cuando nos volvemos conformistas. Una vez un cuate me dijo:

—En Homeboy, nuestra marca tiene un latido propio.

En todos mis años de vida nunca he tenido mayor acceso al amor de Dios que mediante estos miles de cuates que he tenido el privilegio de conocer. No llegará el día en que yo sea más noble o más compasivo o en que me pidan que soporte más que estos hombres y mujeres.

Jermaine vino a verme después de haber estado más de veinte años en la cárcel. Es un pandillero afroamericano robusto que tiene unos 45 años. Es muy gentil y muy, muy bondadoso. Le pregunto si está en libertad condicional y me dice que sí.

—¿De alto control? —le pregunto y él asiente—. Espero que no te moleste mi pregunta: ¿cómo alguien tan amable, gentil y dulce como tú terminó... en libertad condicional de alto control?

Jermaine hace una pausa y luego dice dócilmente:

—¿Una infancia difícil? —sus palabras y la forma en que las dice nos hacen reír. Su mamá era una prostituta y a su padre lo asesinaron cuando Jermaine, el mayor de tres hermanos, tenía nueve años. Después del funeral de su padre, su madre alquiló un apartamento, dejó a los tres niños allí, salió y cerró la puerta. Nunca volvieron a verla. Durante los meses siguientes, Jermaine tomaba a sus dos hermanitos y se sentaba en los portales de sus vecinos. Cuando los vecinos preguntaban, él simplemente decía: «No nos iremos hasta que nos des comida».

Ese día, al final de nuestra conversación, me dijo:

—He decidido ser bueno y amoroso con el mundo. Ahora... solo espero... que el mundo me devuelva ese favor.

En las próximas páginas encontrarán la vida de hombres y mujeres que me han señalado el camino. Por mi parte, sentarme a sus pies no ha sido otra cosa que salvífico.

No puedo escribir ensayos acerca de cosas importantes para mí sin hablar de Dios, de Jesús y del evangelio codeándose con historias, imágenes, parábolas y sabiduría "del barrio". Además, aquí hay una infusión regular de «espiritualidad ignaciana»: como yo mismo soy un hijo de Ignacio, todas las historias de mi vida se filtran por el lente jesuita. Solo espero que las anécdotas, las paradojas y las imágenes no se sientan demasiado amontonadas y las conexiones demasiado forzadas al entrelazarlas todas en mi segundo libro.

En estas largas homilías quiero capturar las voces de los cuates como una ventana a la verdad, para suavizar la imagen que de ellos muchas veces nos ofrecen la televisión y las películas.

También debería decir que, al igual que en mi último libro, no menciono el nombre de ninguna pandilla, porque han causado demasiada tristeza, y he cambiado todos los nombres de las personas que aparecen aquí. La gente antes ha criticado la ausencia de un glosario y la reticencia a traducir el español que se habla en los barrios. Nuevamente, aquí, espero que el contexto y el significado sean muy evidentes. En algunas ocasiones sí traduciré algo y, de vez en cuando, retrocederé y explicaré lo que haga falta. Por ejemplo, cuando un pandillero dice «tonto», no quiere decir nada, significa simplemente «chico». «¿Viste a ese tonto que pasó?».

Una vez Martin vino muy contento a contarme que lo habían contratado en el hospital White Memorial.

—Felicitaciones. ¿Y qué haces allí?

—Soy el tonto principal en la tienda de regalos.

—¡Qué bueno! Dime si hay un puesto para tonto asistente.

Al final, cada capítulo aspira a conectarnos con un panorama más amplio y a ser partícipes de un amor mayor.

De las miles de charlas que he dado, aprendí que nunca debes apelar a la conciencia de tu audiencia, sino guiarla a conocer su propia bondad. Recuerdo que en mis primeros días solía enojarme mucho. En charlas, en columnas de opinión o en entrevistas radiales sacudía mucho el puño. Mis discursos despotricaban contra la indiferencia y cómo los jóvenes que yo enterraba parecían importarle menos al mundo que otras vidas. Con el tiempo entendí que agitar el puño no cambia las cosas. Solo el amor hace que los puños se abran. Solo el amor nos lleva a conjurar una hermandad al alcance de las vidas reales que vivimos.

Cuando Karen Toshima, una artista gráfica que había ido a una cita, cayó en el fuego cruzado de un enfrentamiento entre pandillas en Westwood Village, en 1988, la policía de otras divisiones de Los Ángeles acudió a esa área contigua a la UCLA. Muchos detectives que llevaban a cabo otras investigaciones de homicidio fueron reasignados a este caso. Se ofreció una fuerte recompensa por cualquier información que llevara al arresto y la sentencia de cualquier culpable del hecho. En esos mismos días yo tuve que sepultar a ocho niños en un periodo de tres semanas. No se acercó ningún policía, no reasignaron a ningún detective y, por supuesto, tampoco ofrecieron ninguna recompensa a nadie por nada… lo que me llevó a pensar que la pérdida de una vida en Westwood vale más que la de cientos en el barrio. Muchísimas veces me enojé y agité el puño. Para cuando escribo esto, he sepultado exactamente a 220 jóvenes asesinados por la violencia de las pandillas. En esos primeros días, hubiese agitado mucho el puño frente a esta disparidad.

Creo que Homeboy Industries ha cambiado la metáfora en Los Ángeles en lo que respecta a las pandillas. Ha invitado a la gente que vive aquí a reconocer su propia grandeza y no se les acusa de nada. Ha convocado su generosidad y los elogia por ser «inteligentes ante el crimen» en vez de insensatamente duros. Busca una inversión, en lugar de una encarcelación en vano y sin fin. Tanto este libro como Homeboy Industries no quieren simplemente «señalar algo», intentan marcar el camino.

En el libro *You Can't Go Home Again* [No puedes volver a casa], Thomas Wolfe escribe: «perder el mundo que conoces por un conocimiento mayor, perder la vida que tienes por una vida mayor, dejar los amigos que amas por un amor mayor, para encontrar una tierra más buena que el hogar, más grande que el mundo». Tenemos que «perder» y «dejar», como dijo Jesús: «Si el grano de trigo que cae en la tierra no muere…». La hermandad de Dios no nos alcanzará a menos que cambiemos las cosas, «perder el mundo que conoces», que le ladremos al árbol equivocado, y que propongamos algo nuevo.

El «ladrido» declara que el mundo real no es lo que aparenta ser. En Homeboy Industries no nos preparamos para el mundo real, lo desafiamos, ya que lo contrario al «mundo real» no es el «mundo irreal», sino la hermandad de Dios. Allí está nuestra autenticidad como personas de fe y defensores de la raza humana. En este sector auténtico, la supervivencia de los más aptos es desplazada por la supervivencia de los «menos aptos». Las selecciones cuidadosas abren el camino para las «selecciones cuidadosas opuestas». ¿Qué pasaría si dejamos de prometerle lealtad a los resultados y en su lugar nos unimos a los que crean los resultados? ¿Seríamos nosotros contra ellos… o simplemente nosotros? ¿Las personas buenas y malas… o solo las personas de Dios? ¿Juicio o temor? ¿Algunos seríamos aceptados y otros rechazados? No… los rechazados —la viuda, el huérfano, el extranjero— deben ser favorecidos.

Homeboy Industries (y este libro) quiere inclinar el mundo hacia la gracia, y para eso no se necesita subir el volumen. Aspiramos a darle un rostro humano a ese pandillero. Si eso no sucede, entonces no se logra la hermandad. También intentamos suavizar nuestra opinión convencional sobre quién es ese pandillero y dar paso a la creencia tolerante de que nos necesitamos unos a otros. Nos afirmamos en la verdad de que cualquier demonización es falsa.

Cuando abrimos el Homegirl Café en la East First Street hace ocho años y colocamos el cartel colorido sobre la puerta de entrada, una mujer que no conocía me llamó gritando:

—¿Por qué le pusieron ese nombre? Han arruinado nuestro barrio.

Óscar Romero escribió: «Una iglesia que no provoca crisis, un evangelio que no desestabiliza, una palabra de Dios que no se mete bajo la piel, una palabra de Dios que no toca el pecado real de la sociedad en que es proclamada, ¿qué evangelio es ese?». Parecería que en estos días no sucede esto, que no provoca, ni desestabiliza.

Un tema que se toca a lo largo de toda la narrativa bíblica es que Dios entra en medio nuestro para trastornar las cosas, precisamente para ladrarle al árbol equivocado. El Magníficat, en el evangelio de Lucas —donde caen los poderosos y los hambrientos reciben muchas cosas buenas—, ha sido tan subversivo que el gobierno de Guatemala, en una ocasión, prohibió que se recitara en público. Pero la verdad es que mi ser débil y de poco espíritu todo el tiempo se adapta a como están las cosas. Nos adaptamos, nos conformamos y reconfiguramos todo para que nuestro *statu quo* se sienta bienvenido y en casa.

Cuando vivía en Bolivia, hace más de treinta años, contraje un virus (un *bicho*, como ellos lo llamaban) que quería vivir en mi interior. No quería molestarme ni echar todo a perder, así que este virus no me hacía ir al baño con una actividad violenta en «ambos extremos». Quería vivir en paz conmigo. Mi único síntoma fue que perdí cuarenta libras [poco más de 18 kilos] (estoy pensando en regresar a Bolivia). El *statu quo* no quiere que las cosas se alteren. Pero en este momento se esconde la división, la polaridad y lo llamativo de la gran distancia moral que nos separa. ¿Cómo nos despertamos de ese sueño de separación, de esa sensación duradera de que el abismo que existe entre nosotros no puede resolverse? En los tiempos actuales pareciera que esa brecha entre «nosotros» y «ellos» no puede ser más amplia. ¿Cómo podemos dominar este *statu quo* que nos adormece para aceptar ciegamente las cosas que nos dividen y nos alejan de nuestro propio deseo sagrado de la mutualidad de la hermandad, ese sentido seguro y cierto de que nos debemos unos a otros?

Habiendo dicho todo esto, este libro se siente un poco más alegre. Como las charlas que he estado inclinado a dar recientemente, parece más bien escrito para hacer reír a la gente que para pedirles que realicen una tarea terrible. Sin embargo, no quiero convertirme en el Art Linkletter[1] del mundo de las pandillas diciendo: «¡Los pandilleros dicen las cosas más atrevidas!». Para mí, sin embargo, todo es deleite. Disfruto su compañía porque es luminosa, afectuosa, encantadora y hace bien al alma. Estar con ellos enciende el contagio de la propia ternura de Dios. Siempre los percibí brillantes, sabios y valientes... incluso cuando lidiaban con cosas dolorosas y desconocidas. Pocos pandilleros están bien educados y, sin embargo, su inteligencia central y su perspicacia no disminuyen por esa carencia. La risa nunca es a costa de ellos, pero busca ampliar la aceptación que todos debemos ofrecernos mutuamente.

Además, por algo es que el Papa Francisco habla del «gozo del evangelio». Cuando seguir a Jesús se vuelve algo tedioso y triste, una tarea odiosa o un trabajo «peligroso» («alguien tiene que hacerlo») es porque ha perdido su sentido. Cuando el discipulado se transforma en algo aburrido, serio y sombrío, ¿no sería seguro decir que nos hemos alejado del corazón alegre del evangelio?

---

[1] Art Linkletter fue un presentador de radio y televisión estadounidense que entrevistaba niños en su sección «Los niños dicen las cosas más atrevidas». [*Nota de la traductora.*]

Una mujer, una voluntaria en una correccional muy grande orientada a quienes están en libertad condicional, invita al niño designado para que haga la primera lectura de la misa. En el gimnasio hay cientos de menores.

—Pablo ahora hará la primera lectura —indicó. Pablo aún necesita que lo señalen con el dedo y, aunque sabía con anticipación que estaba seleccionado para hacer esta lectura, se ve inseguro y dudoso. Se acerca al podio y yo estoy de pie a su lado, para ayudarlo, como siempre, con las palabras que pueden resultar difíciles. Mira perplejo la página, luego al micrófono y luego me mira y susurra:

—¿En voz alta?

—Bueno... sí —respondo—. Esa... esa es la idea.

Queremos vivir nuestra vida en «voz alta», para que todo el mundo se entere, no con el volumen al máximo, pero sí que sean nuestras vidas las que hablen por sí mismas.

La hermandad es la que cambia el juego, es la perla de gran precio, es el tesoro enterrado en el campo, vendamos todo para obtenerla. Sin embargo, pensamos que esta hermandad no está a nuestro alcance... que está «más allá de esta vida». Pero la hermandad del evangelio siempre muestra el juego, empuja el *statu quo* hacia la necesidad constante de transformación, ya que a este solo le interesa juzgar, comparar, medir, culpar y competir. Y nosotros, los creyentes, estamos cómodos en nuestra complacencia.

Necesito tener esta conversación, por eso es que escribo sobre esto.

Nuestra situación actual es un sueño del que se nos pide que despertemos. Conocí a algunos magos de Magos Sin Fronteras, que van a campos de refugiados, al Tercer Mundo y a comunidades desesperadas a hablar el idioma de la magia, y quisieron brindar el mismo ministerio a Homeboy. Según me dijeron, la divisa de la magia es: «Aparecer, desaparecer y cambiar». Esto describe gran parte de la pedagogía de Homeboy y la reparación de los vínculos afectivos. Me vendieron la idea basándose en un principio de Harry Houdini. Houdini sintió que el propósito de la magia no solo era sorprender y divertir, también buscaba despertar la esperanza de que de algún modo lo imposible era posible. Nada mal. ¿Por qué conformarse con menos?

En Homeboy Industries miles y miles de pandilleros rivales (hombres y mujeres) han trabajado en nuestras nueve empresas sociales: la panadería Homeboy, la casa de serigrafía y bordado Homeboy, en los productos oficiales Homeboy y Homegirl, el café restaurante Homeboy (el único lugar para comprar comida en el ayuntamiento de Los Ángeles), el café Homeboy en el Aeropuerto Internacional de Los Ángeles, el mercado Homeboy, el almacén Homeboy (una línea de productos alimenticios), el reciclado Homeboy y el café y servicio de comidas Homegirl. Me gusta pensar que si Jesús hubiese tenido más tiempo en esta tierra, quizá hubiera explorado también el ámbito empresarial. Tal vez una línea de ropa llamada «La Leprosería», el «Café de los Recaudadores de Impuestos» o el «Equipo de Mantenimiento de los Impuros». Además de curar y sanar, Jesús siempre tuvo la esperanza de ampliar el círculo de compasión y derribar las barreras que excluyen. Estuvo con pecadores, leprosos e impuros para traer esta nueva e increíble inclusión, la mismísima hermandad de Dios. Entonces, vivir el evangelio no es tanto «pensar con creatividad», como elegir vivir en este círculo de inclusión que se amplía constantemente.

En la cafetería Homegirl, mujeres con antecedentes penales, jóvenes de pandillas rivales y meseras con modales hostiles tomarán su orden con gusto (y le llevan el pedido). En el almuerzo, el lugar suele estar lleno de celebridades, funcionarios del gobierno y la gente más poderosa y conocida de Los Ángeles. Un día casi todos los Dodgers vinieron a almorzar, fue un caos. Jim Carrey ha comido allí varias veces y siempre es una cosa de locos, un «manicomio». Joe Biden (con una caravana de vehículos) llegó a almorzar inesperadamente. Yo estaba fuera de la ciudad y, más tarde, un cuate me dio el reporte:

—Mientras no estabas, nos visitó un MVP.

—¿Te refieres a un VIP? —pregunté.

—Sí, ¡ese! Imagínatelo G: aquí, en Homeboy, nos visitó el vicepresidente de los Estados Unidos... MICK ROMNEY (guardar esto en la sección de «todos los blancos son iguales». Tal vez necesitemos agregar algunas clases sobre temas de actualidad a nuestros currículos.

Diane Keaton vino a almorzar un día con un cliente que nos visita todas las semanas, y la ganadora del Oscar fue recibida por nuestra mesera Glenda. Glenda es una mujer grandota que acababa de pasar un periodo largo en una prisión estatal de California. Glenda está tatuada, es una criminal, una pandillera y está en libertad condicional. No sabe quién es Diane Keaton. Le dio el menú a la estrella de cine y Keaton le preguntó:

—¿Qué me recomiendas?

Glenda recitó de un tirón los tres «platillos» que le gustan y Keaton tomó su decisión.

—Pediré el segundo. Suena bien.

En ese momento, Glenda pareció descubrir algo.

—Espera un minuto —dice apuntando su mano hacia Diane Keaton—. Creo que te conozco. Como... que tal vez nos vimos antes.

La actriz rápida y humildemente intentó evadir la atención de Glenda:

—Oh... supongo que... tengo uno de esos rostros que la gente cree haber visto antes.

Glenda se ilumina en una explosión de reconocimiento.

—No, espera, ¡ya lo sé! ¡ESTUVIMOS ENCERRADAS JUNTAS!

Cuando escuché eso me quedé sin aire y no creo que hayamos vuelto a ver ahí a Diane Keaton, ahora que lo pienso. Pero de pronto... una rápida afinidad. Una actriz ganadora de un Oscar y una camarera sin modales, exactamente lo que Dios tenía en mente. Supongo que para conocer eso que tenía en mente necesitamos regresar al momento en que Jesús hablaba a los que estaban reunidos y expresó su más profundo anhelo: «Que sean uno». Creo que podría haber sido más autorreferencial, pero parece que Jesús quiere que esto sea acerca de «nosotros» y finalmente nuestra disposición a conectarnos mutuamente. Así que alguien les ladra a los creyentes y, colectivamente, nos movemos más allá de nuestras ideas. Así, con esfuerzo y haciendo malabares, nos encontramos anclados en el sueño de Dios hecho realidad.

Por fin inquietos, conectados mutuamente, hermanándonos... ¡ahora!

Capítulo uno
El tipo aparece

Dios es un pesado. No en el sentido irritante y molesto, sino en el sentido de que nos presiona gentilmente. De hecho, es un desafío abandonar esa creencia de que Dios desea culparnos y castigarnos, que nos exige todo el tiempo o que expresa su decepción o reprobación en todo momento. Es parte de nuestra configuración. Sin embargo, podemos sentir que Dios nos empuja para ir más allá de nuestra comodidad fatigada y atrofiada hacia algo más oceánico y espacioso. Sentimos el deseo de Dios de que la plenitud habite en nosotros. Siempre nos sentimos empujados hacia el «Dios que siempre es mayor», como lo enmarca san Ignacio. O como un cuate, que tiene en su mente una mezcla incómoda entre el español y el inglés, pero correctamente dice: «Dios es grande».

Queremos creer que tenemos un Dios, como afirma Hafez, que solo conoce cuatro palabras.

Cada niño ha conocido a Dios
No al Dios de los nombres,
No al Dios que dice lo que no se puede hacer,
No al Dios que siempre hace algo extraño,
Sino al Dios que solo conoce
Cuatro palabras

Y las repite constantemente diciendo:
«Ven y baila conmigo».
Ven.
Baila.

A pesar de la magnitud de Dios, hemos conseguido domesticarlo, que mendigue y esté rendido. Preferimos un Dios que esté domado y listo para seguir NUESTRAS órdenes. Hemos entrenado a Dios, por decirlo así, para «hacer las cosas de Dios» afuera. Aunque sin duda, Él quiere que lo encontremos en el desorden que tenemos dentro. Nos conformamos con un «Dios parcial», como dice Richard Rohr, cuando todo el tiempo se nos está pidiendo que «nos movamos más allá de la mentalidad que tenemos» para que tengamos una visión aún más amplia y renovada de Dios. Somos seres humanos, por eso constantemente creamos a Dios a nuestra imagen. No podemos evitarlo, pero sí podemos ser conscientes de eso.

Los pandilleros siempre cambian el idioma en lo que yo llamo «expresiones de barrio». Una mujer quiere presentarme a su «hombre» y me lo presenta como «mi otra mitad». No hay duda. Un aprendiz entra en mi oficina una mañana y me dice:

—Diablos, G. Mi mujer… está de muy MAL humor hoy.

Cuando le pregunto por qué, él me dice que está comenzando su «periodo de administración». Entonces le digo que, con la llegada del nuevo gerente que se encargaba de mis deberes, yo acababa de terminar el mío y sabía por lo que ella estaba pasando.

Una vez estaba dando la misa en el reformatorio de San Fernando con casi trescientos menores detenidos. La mayoría eran pandilleros, y uno leyó el Salmo 138. Yo estaba sentado, investido, con los ojos cerrados, escuchando la lectura de este niño, en vez de seguir con la mirada la hoja de liturgia que estaba sobre mis rodillas. Él leyó, con muchísima confianza:

—El Señor… está EXHAUSTO.

¿Qué demonios? Abrí los ojos y miré mi hoja. Decía: «El Señor sea exaltado», pero creo que «exhausto» es mucho mejor. No estoy seguro de querer pasar la eternidad con un Dios que quiere ser exaltado, que desea ser reconocido y engrandecido. En lugar de eso espero un Dios humilde que está exhausto de deleitarse en nosotros y amarnos. Ese es un Dios mejor que el que tenemos.

Todos nosotros hemos tenido conversaciones con amigos en las que les preguntamos cómo están y ellos responden: «Cansado, pero un cansancio bueno», y luego te dicen que han pasado el día ayudando a un amigo a mudarse de apartamento o que han pasado el fin de semana cuidando a sus nietos. Es un cansancio «bueno» porque fue para ayudar a otro. El Dios exhausto siempre es mayor que el que es exaltado.

Un día un cuate entró en mi oficina con su hijo de cinco años.

—Él tiene una pregunta para ti —el niño me miró y se acercó a mí, nervioso pero decidido.

—¿Dios tiene pelo y usa una bata?

Lo miré a los ojos y le dije:

—Sí, pero solo cuando sale de la ducha.

Dios, por supuesto, es inmutable, pero nuestra percepción de quién es Dios cambia a medida que crecemos y lo experimentamos. Él está constantemente empujándonos hacia esa evolución. Es cierto que mi imagen de Dios a los cinco años no es la misma que tengo hoy, pero si eso es así, ¿por qué mi percepción de Dios sería igual en diez minutos o en veinte minutos más?

Dios se acerca a nosotros para que podamos abandonar la imagen de Dios como un padre severo, un maestro estricto o un entrenador despiadado. Dios no es quien nosotros pensamos que es. Nuestra búsqueda de Dios no es una búsqueda del tesoro, Dios está en todos lados y en todo. Nuestra percepción de Dios siempre nos lleva a crecer, a reinventar algo mucho más asombroso de lo que normalmente nuestra imaginación nos lleva a creer. Dios nos empuja a tener una visión y una imagen de Él más amplia y que vaya en aumento, desde nuestra conciencia de niño hacia una conciencia de adulto. Él se acerca a nosotros para que podamos encontrar nuestro camino hacia esta incorporación interna de Dios. Con un poco de suerte y algo de atención llegaremos a conocer a un Dios mejor y, finalmente, creceremos a gusto en la ternura de Dios. Nuestro Dios constantemente nos dice: «Ándale».

Así, refinamos nuestra percepción de Dios y lo que Ignacio llama el *magis*, que hace referencia a un afecto por Dios. También lo llama *devoción*, que es una profunda familiaridad y unión con Dios, un deseo por querer lo que Dios quiere. Queremos vivir donde Él está y este entendimiento evoluciona y cambia todo el tiempo. Esto es consecuente con lo que dice Jesús: «Vengan a mí y encontrarán descanso». No nos ofrece dormir, nos ofrece libertad. Aquí habla de un espacio, un corazón grande, amplio e inclusivo al que estamos invitados. «Ándale».

>———o———<

La gran mayoría de los cuates que vienen a Homeboy tienen historias traumáticas, que pueden llevar a trastornos de afecto. La mamá, habitualmente la principal cuidadora, que tiene miedo o inspira miedo y la idea de ella (o quien sea que haya ocupado ese lugar) puede desencadenar en el hijo o hija tanto «acercamiento» como «evasión» al mismo tiempo. Los chicos al querer continuar a su lado, pero a la vez huir, más tarde pueden presentar síntomas de aislamiento. Por eso, restaurar los vínculos es lo principal en Homeboy Industries mientras los pandilleros buscan «volver a identificarse». Muchas veces, por su propia historia traumática les cuesta llegar al corazón de Dios. La percepción más sana de Dios que proponemos puede alcanzarse mediante un concepto llamado «constancia del objeto»: la capacidad de aferrarse a la existencia o a la «percepción» del cuidador, incluso cuando este no está presente físicamente.

Una de nuestras terapistas me pidió que un lunes cuando llegara a trabajar llevara una caja de Triscuits [galletas saladas de trigo integral] para uno de sus pacientes, Andrés, que siempre está «muerto de hambre», como dice él. Cuando tenía nueve años, regresó de la escuela a su casa y descubrió que su madre (que, supongo, tenía alguna enfermedad mental) había empacado sus cosas y había abandonado a su único hijo. Durante los dos años siguientes estuvo sin hogar y buscando comida en la basura, dormía en los bancos de los parques hasta que lo encontró el «sistema». Luego de que lo acogieran temporalmente, se involucró con las pandillas y lo arrestaron, Andrés llegó aquí y comenzó nuestro programa.

—¿Tú trajiste esto para mí? —preguntó desconfiado. La terapista me dijo más tarde que él estaba sorprendido de que ella pensara en él durante el fin de semana.

Ella asintió.

—O sea que, ¿piensas en mí… cuando no estás aquí?

Ella volvió a asentir.

—¡Guau! Nunca me imaginé que alguien pensara en mí cuando no están aquí.

Sin un cuidado correcto de las relaciones y la constancia del objeto los pandilleros que cruzan nuestras puertas pueden sentir verdadera angustia y abandono. Tienen un miedo crónico tanto a la intimidad como al abandono. Por esta misma razón en Isaías, Dios nos dice: «Nunca te olvidaré». Esa es la verdad de nuestro Dios: Él piensa en nosotros incluso cuando no pensamos que Dios está allí.

Hace años, cuando era capellán en la Prisión Estatal de Folsom, conocí a un preso apodado el Gordo. Todos los días me pedía que caminara por el patio con él.

—Demos unas vueltas —me decía. Era grande como un oso y tenía una barba rebelde al estilo de Rasputín.

El Gordo tendría mi edad y había pasado la mayor parte de su vida en prisión, por eso estaba muy involucrado en la política del lugar. Ahora estaba en el tramo final de su larga sentencia. Durante toda su adultez había sido adicto a la heroína, incluso estando en prisión, pero ahora estaba desintoxicado y pensativo. Él hablaba mucho de Dios en esas caminatas y nuestras «sesiones» terminaban siempre de la misma manera, Él decía:

—¿Quién te quiere, bebé? —y me envolvía en sus brazos. Luego agregaba—: No lo olvides, G, te quiero como una roca.

Poco después de quedar en libertad, el Gordo murió. Reavivar su encuentro con la heroína fue más de lo que su cuerpo pudo soportar. Presidí su funeral y cuando mencioné su frase «Te quiero como una roca», todas las cabezas en la congregación asintieron reconociéndolo. Aparentemente, él se lo decía a todos. Durante años me aproprié de esa frase. Muchas cartas que enviaba a los cuates presos terminaban así y también las conversaciones, al punto de que lo esperaban incluso después de un sermón directo.

—Lo sé, lo sé —decían poniendo los ojos en blanco—. Me quieres como una roca —no podía evitarlo.

Hafez nos da esta imagen: «Dios y yo nos hemos convertido en dos gigantes gordos que viven en un pequeño bote. Siempre estamos chocando el uno con el otro y riéndonos». Este para mí es el latido de Dios, ser amados como una roca, para siempre, sin cambios y lo más firme que se pueda. Debemos dejar que el Gordo choque con nosotros y nos ame. Dios espera que la risa sea contagiosa.

Un cuate llamado Rogelio y su hijo de seis años, Arturo, un día muy caluroso de agosto estaban en la piscina pública. Realizaron incontables clavados de bombita y Arturo decía incansablemente «otra vez» a cualquier cosa que le gustara y quisiera que su padre repitiera. Rogelio, después de años de estar en pandillas, está intentando cambiar su rumbo hacia la paternidad y ganar dinero honradamente. De a poco está comenzando a encajar en ese papel. Rogelio pidió un respiro a los «otra vez» de Arturo y se recostó sobre su toalla al borde de la piscina. El pequeño Arturo nadó hacia su padre y colocó sus brazos en el borde, mirándolo de frente. No hablaron. Rogelio está recostado sobre su estómago y ve que la cara de su niño está a dos pies [medio metro] de la suya. Finalmente, Arturo dice:

—Papito, cuando tenga un hijo quiero ser un padre como tú.

Cuando Rogelio me contaba esta historia por teléfono, hizo un silencio después de esta última frase. Yo esperé.

—¿Qué sientes ahora, *mijo*? —le pregunté.

Rogelio hizo una pausa y luego se le quebró la voz y dijo:

—Escalofríos.

El mismísimo latido de Dios.

Durante el Adviento, se nos pide que preparemos el camino, que «enderecemos el camino» y alisemos lo que está pedregoso. Estamos configurados de tal manera que oímos estas invitaciones como una demanda a «enderezarnos» o «comportarnos correctamente», pero no somos nosotros los que necesitamos cambiar, es nuestro camino tortuoso el que necesita que lo allanemos para que la ternura de Dios pueda llegar a nosotros. Uno de los tantos impedimentos que tenemos para oír el único mensaje que Dios quiere comunicar es que seguimos unidos al dolor que cargamos y al lamento que viene con él. Mediante la gracia llegamos a saber que ese lamento no podrá afianzarse si primero llega la gratitud.

Un cuate llamado Cuco irrumpe en mi oficina con entusiasmo al final de un día de trabajo con un libro que está leyendo en nuestra clase de paternidad. Lo abre en una página que marcó y veo que allí solo hay una oración subrayada. Lee: «La paternidad es una aventura». Es una oración sin nada especial y le pregunto por qué la subrayó. Cuco se sienta en una silla frente al escritorio. Tiene veintitantos años y un carácter abierto y siempre listo para divertirse.

—Bueno, porque siempre que llego a casa en la noche mi hijo de cuatro años corre a recibirme, me rodea las piernas con sus brazos y me abraza. Luego me pregunta: «¿Sabes qué hora es?», y yo siempre digo: «No. ¿Qué hora es?», y él siempre dice: «Es hora… de una AVEN… TUUUURA». Siempre lo dice de la misma forma: «AVEN… TUUUURA».

Le pregunté si él le había enseñado a decirlo así.

—No tengo idea de dónde lo sacó —responde—. Supongo que de los dibujos animados —su sonrisa no puede disimular la alegría que siente en su alma—. Y todos los días tengo que inventar alguna aventura loca para los dos.

Le hice otra pregunta a Cuco, no sé bien por qué.

—¿Conociste a tu padre?

—No —me dijo, el lamento de esa verdad no logra disminuir su deleite—. Nunca lo conocí.

Su sonrisa sigue intacta, ni una roca en el camino, las montañas se reducen a llanuras para que la ternura pueda llegar directo a ti.

Una hermosa mañana en la Correccional David Gonzales, uno de los lugares para jóvenes en libertad condicional donde doy misa, veo a un niño que no conocía, parado solo, observando las montañas de Santa Mónica y le pregunto cómo está.

—Bueno —me dice—, estoy con poca fe —este parece un lugar raro para comenzar, como dicen los cuates: «definitivamente», pero luego agregó—: ¿Sabes lo que hago cuando tengo poca fe?

Sacudí la cabeza y me acerqué. Mi tanque de fe solía estar cerca de la *V*, así que quería saberlo.

—Me paro justo aquí a mirar las montañas —dijo—. Observo el cielo azul, las nubes blancas y respiro este aire puro —y hace el gesto de todo esto. Luego me digo: «Esto lo hizo Dios». Gira hacia mí, con algo de emoción y un exceso de paz—. Y sé que todo va a estar bien.

Es esa gran emoción de saber lo que Dios quiere que sepamos.

Recuerdo a Beto, un pandillero de nuestro programa de entrenamiento que una vez llevó a su hijo al parque Griffith a dar un paseo en poni. Por alguna razón, su hijo estaba muy asustado y se negó a acercarse al animal. Algunas semanas después, Beto llevó al niño otra vez, no para obligarlo a montarlo, sino para mostrarle que pasara lo pasara Beto estaría con él y lo mantendría a salvo. Esta vez el niño se subió al poni y cabalgó sabiendo que no estaba solo, tranquilo, confiado y cómodo con el sentimiento de que todo estaría bien.

Tengo esta cuerda roja atada en mi muñeca, un regalo del Dalai Lama. Su Santidad la bendijo teniéndola en su mano, luego la puso en su frente y después sopló sobre ella. Esta cuerda tiene un nudo, no donde la ato a mi muñeca, sino en el centro de la cuerda. A lo largo del día, el nudo se corre hacia los lados y estoy constantemente moviéndolo de nuevo hacia el centro de la muñeca. Ese nudo representa a ese Dios que deseo que esté en el centro de mi vida. Me ayuda a mantenerme relajado en ese centro, incapaz de pensar en mí mismo si no es desde el punto de vista de Dios. Eso me regresa a la calma que hay allí. En Hebreos leemos: «Esforcémonos… por entrar en ese reposo», sabiendo que esto nunca es un fin en sí mismo, pero nos equipa para seguir a Jesús y crear la clase de hermandad que Dios sueña. No es dormir.

En una visita a otra correccional, veo a Brian, un joven de dieciséis años que trabajó en Homeboy por un tiempo pero luego desapareció. Cuando me ve, le da un estallido de alegría. Esto sucede muchas veces cuando te encuentras con un niño que has conocido en las calles, te conviertes en un punto de referencia, un trozo de su hogar, alguien reconocible. Me envuelve en un abrazo de oso y no me suelta.

Hablamos un rato y me sorprende lo mucho que ha madurado. Su conversación es reflexiva y medida, como solo los adultos pueden hacerlo. Le digo lo impresionado que estoy con su transformación. Admite (como muchos suelen hacerlo) que tal vez estar encerrado no ha sido lo peor que le ha pasado. Luego de repente da un giro abrupto a la conversación.

—Rezo mucho —dice, afirmando con la cabeza—. Me encanta rezar.

Brian no está diciéndome algo que cree que yo quiero oír. Está claro que este impulso en él es genuino y sincero, nacido de su experiencia diaria en este lugar.

Le pido que me cuente más de esta nueva relación con Dios. Parece sorprendido pero entusiasmado con que yo quiera saber cómo él ve las cosas.

—Es genial —dice efusivamente, iluminado por una sonrisa. Luego, casi de repente, parece completamente abrumado. Se cubre la cara con las manos y rompe a llorar. En el rezo ha encontrado libertad. Como dice un preso de Folsom: «Es tomar la mano extendida de Dios y dar un paseo».

Ven y baila conmigo.

Una pregunta que siempre me hacen durante las consultas al final de mis charlas es si alguna vez estuve cerca de perder la fe. La gente pregunta esto, creo, porque he enterrado a 220 niños, todos asesinados por la violencia de las pandillas, niños que amaba, muchas veces asesinados por niños que amo. Nunca estoy muy seguro de lo que significa esta pregunta o cómo responderla. Nunca le muestro mi puño a Dios luego de una tragedia. Después de todo, ¿qué tiene que ver Dios con eso? Nunca me inclino a ver a Dios como un cómplice (o a «Dios como un socio del crimen», como dicen los que asisten a nuestros encuentros de Criminales y Pandilleros Anónimos).

Algunos dicen: «Dios es bueno y tiene un plan para ti». Creo que Dios es bueno, pero que también está muy ocupado amándome como para tener un plan para mí. Como un padre amoroso, Dios recibe nuestro dibujo infantil de un árbol —por lo general un desastre irreconocible— y se deleita con él. Dios no lo devuelve y dice: «Regresa cuando se parezca más a un árbol» o no pide que lo mejoremos. Dios simplemente se deleita en nosotros. Como me dijo ese niño en una correccional luego de confesarse:

—¿Es decir que ya cerraste mi expediente?

Es difícil creer en ese Dios que siempre quiere darnos un nuevo comienzo. Sin embargo, la verdad acerca de Dios es que es demasiado bueno para ser cierto, pero siempre que los seres humanos nos encontramos con algo que es demasiado bueno para ser cierto decidimos creer que no es real.

En una carta a un sacerdote en Irlanda, Jackie Kennedy escribió que se sentía resentida con Dios tras el asesinato de su esposo. «¿Cómo Dios permitió que sucediera esto?», preguntó. Sin embargo, Dios no estaba en el depósito de libros escolares de Texas[2] siendo cómplice de lo sucedido. Dios estaba —y está— en el sufrimiento y la experiencia nacida de la tristeza, en los brazos que envuelven nuestro dolor. Lo he sentido cada vez que un niño es acribillado. También lo sientes cuando tienes que despedir a

---

[2] Texas fue el estado en el que fue asesinado el presidente John F. Kennedy. [*Nota del editor.*]

trescientos de tus empleados porque no puedes pagarles el salario. O cuando te dan un diagnóstico de cáncer. Esas cosas no estremecen tu fe, la moldean.

Algunas cosas son al azar y otras están hechas para que podamos controlarlas. Así que Dios está conmigo cuando pasa algo terrible y Dios está apoyándome cuando necesito tomar decisiones. Y lo acepto. No necesito que Dios se encargue de mi vida. Solo necesito que Dios esté en el centro de ella.

Hace más de veinte años, cuando Homeboy Industries aún se llamaba «Trabajos para un futuro», el día de pago era cada viernes. En ese momento teníamos a casi sesenta empleados que eran ex pandilleros y los fondos eran tan escasos que estaba firmando más cheques sin fondos que un miembro del Congreso. El viernes se acercaba y me faltaban diez mil dólares, de otro modo hubiese entregado pagarés. Estaba entrando en la zona de pánico, estaba muy preocupado y con miedo de que se me hiciera difícil cumplir mis deberes como pastor. El día anterior al pago, una mujer estacionó frente a la oficina parroquial, en lo que los cuates llamaban un *cubo*, ignorando las señales de estacionamiento designado. Dijo que necesitaba hablar conmigo urgentemente, así que la llevaron a mi oficina. Ella se acercaba a los ochenta años y su vestimenta no era muy distinta a la de una vagabunda, muy extraña y con muchas capas de ropa. Su marido había muerto hacía poco, me explicó, y ella había estado ordenando su habitación.

—Él siempre respetó lo que usted hace con los pandilleros —dijo mientras me daba una bolsa de papel muy gastada, doblada dos veces. Abrí la bolsa y encontré un fajo de billetes dentro.

—Dejé de contarlo cuando llegué a los diez mil —dijo. Yo sí lo conté todo, eran doce mil dólares.

Por más eufórico que estuviera, no tenía necesidad de pensar que Dios había orquestado la llegada de esta mujer. Dios habría estado presente en el centro de todo, incluso aunque yo hubiera tenido que despedir a algunos cuates muy necesitados. Después de todo, nada depende de cómo suceden las cosas, solo de cómo las ves cuando suceden. Emmanuel, el nombre que significa «Dios con nosotros», no está moviendo el dial y los interruptores, sino abrazándonos con ternura en medio de todo.

Todos recibimos esos correos electrónicos que muchas veces llegan de desconocidos. Hay uno en particular muy conocido que cuenta cómo unas personas, que estaban yendo hacia el World Trade Center el 11 de septiembre, se retrasaron por algunos pequeños inconvenientes. Un embotellamiento debido a un accidente en el Turnpike de Nueva Jersey. El primer día del kindergarten de un hijo. Mi turno para comprar donas para la oficina. La alarma que no funcionó. La lista es larga. El escritor concluye que aunque al principio nos sintamos frustrados por esos desvíos, ellos son una prueba de que Dios está atento cuidándonos. Pero entonces tendríamos que creer que Dios, el 11 de septiembre, estaba cuidando a algunos y falló en cuidar a otros miles, lo que después nos lleva a un rincón absurdo que nos obliga a decir: «Dios tiene sus razones» o, peor, «El cielo necesitaba otro ángel». Creo que Dios no me protege de nada, sino que me sostiene en todo.

Una vez di una charla nocturna en una escuela privada en Los Ángeles. El lugar estaba colmado de padres y un puñado de alumnos. En la primera fila estaba mi amiga Vivienne. Su esposo, Rey, me había invitado a hablar. A su lado estaba su hijo de diez años, Diego. Durante mi charla le presté mucha atención a Diego. Aunque era joven, era muy maduro para su edad, era inteligente y elocuente, sin una pizca de la hiperactividad de un niño de diez años. Mientras yo hablaba, él prestaba atención a cada palabra, se reía en los momentos correctos y quedaba boquiabierto cuando las cosas se ponían más serias. Terminé con la historia desgarradora de Chico y Marioneta, enemigos íntimos que se volvieron hermanos mientras trabajaban juntos hasta que a Marioneta lo mataron a golpes. De pronto, Diego estaba llorando. Aunque continué hablando en piloto automático, seguí observándolo asombrado por su reacción. La muerte prematura de Marioneta había afectado tanto a Diego que estaba viviendo una tristeza profunda, agitándose y balanceándose en su asiento. Vivienne lo miró y lo abrazó lentamente, con dulzura. Lo que Diego hizo después es algo que nos dejó a todos boquiabiertos. Se paró y le gritó a su mamá a todo volumen:

—¿QUÉ?

Dejé de hablar. Todos lo miraron. Él se tranquilizó, pero solo un poco. Volvió a acercarse y repitió en un susurro bastante ruidoso:

—¿QUÉEEEE?

Claramente estaba preguntando «¿Qué?» como:¿*Qué hice ahora? ¿Cómo te he decepcionado ahora?*

Quizá sea cierto que Vivienne solo quería tranquilizar a su hijo, ya que todos lo estaban observando. Pero su expresión parecía decir: ¿*Cómo soy tan afortunada de tener un hijo así?* Pero también estaba triste por las mismas cosas que entristecían el corazón de su hijo. Ella quería consolarlo y hacerle saber que no estaba solo. Esta madre no quería algo *de* él, solo quería algo *para* él.

Muchas veces caemos en la costumbre de mostrarle el puño a Dios y decir: «¿QUÉ es lo que QUIERES de mí?». Como humanos estamos programados de esta forma. Pero supongo que sería mejor preguntarle esto a Dios: «¿Qué es lo que quieres PARA mí?». Para empezar: vida, felicidad y paz, mi alegría en ti. Tu alegría completa. Eso es todo. Nada más que eso.

Respecto a las misas que doy en las correccionales, algunas son más informales que otras. En lugar de seguir los rezos escritos de petición o las intenciones, muchas veces invito a los niños reunidos a rezar espontáneamente por las cosas que les vienen a la mente y al corazón. Comienzo dándoles un modelo. «Por nuestras comunidades, a menudo tan plagadas de violencia que queremos ser embajadores de paz... oremos al Señor». Entonces todos dicen: «Escúchanos, Señor». Digo tres motivos como estos y luego animo a la congregación a compartir los suyos. Los cuates muchas veces son muy generosos. Un niño reza: «Por el padre Greg... para que hoy llegue a salvo a su casa». Después, cuando le agradezco y le digo que su rezo me había hecho bien, él responde, con sorpresivas lágrimas, que se había sentido bien al decir eso. Otra vez, un muchacho en la primera fila, una especie de líder en el campo, dice:

—Por mi cuate, Zurdo, que cuando vaya a casa esta semana, se porte bien y no se meta en más problemas.

Luego pierde un poco el hilo, sin saber cómo terminar. Antes de que yo pueda decir: «Oremos al Señor», él lo dice con sus propias palabras:

—Básicamente eso.

Ofrece tres peticiones más, y todas las termina diciendo: «Básicamente eso». Al grupo le gusta más su versión que la mía, porque todas las peticiones siguientes terminan diciendo: «Básicamente eso».

Siempre estamos inquietándonos por cosas que creemos que alteran las plumas de Dios, pero Dios no tiene plumas. Un cuate una vez me dijo:

—Creo que Dios me ha desheredado.

Sin embargo, el libro de Sabiduría dice: «Tú amas todo lo que existe y no aborreces nada». ¿Por qué nos cuesta tanto entender esto? Siempre estamos tratando de «dar una buena impresión», pero a Dios no le importa eso. Vestido para una entrevista de trabajo, un cuate me dijo una vez:

—Solo quiero causar una buena expresión.

Eso es mejor que una impresión, que nuestras vidas *expresen* completamente el placer, el deleite y el amor bondadoso de Dios.

Básicamente eso.

Héctor tiene a sus cuatro niños pequeños durante el fin de semana y los lleva a la Biblioteca Central el sábado por la mañana. El piso de niños es una locura, así que toma un par de libros y lleva a su grupo a la sección de adultos, que está casi vacía. Se instalan en un rincón en unas sillas grandes de cuero donde las pequeñas piernas de los niños apenas llegan al final del cojín. Héctor, un pandillero y adicto a la heroína en recuperación, comienza a leer en un tono silencioso, pero nota que el bibliotecario, un caballero de poco más de treinta años, está de pie detrás de un escritorio, con lo que él cree que es una mirada hostil. Héctor se sonroja y se siente cohibido. «Tal vez no debería estar aquí», piensa para sí sintiéndose juzgado. Termina los dos libros, reúne a su manada y se acerca a la puerta, pero el bibliotecario se aproxima hacia él. Héctor se prepara para ser amonestado por leerles a los niños en el área de adultos. Aleja un poco a los niños, por si acaso el bibliotecario los manda a todos al diablo. Sin embargo, solo miró a Héctor gentilmente, sonrió y dijo:

—Buen trabajo.

Cuando comencé a predicar en la Misión Dolores, escribía las homilías en un español pobre y trabado, luego tenía a algunos hablantes nativos que me lo arreglaban. El mensaje siempre era una variante del mismo tema central: Dios está tan ocupado amándonos que no le sobra tiempo para sentirse desilusionado. Buscaba darle consuelo a los afligidos y llenarlos con la plenitud total de Dios. Sin embargo, la gente se iba de la iglesia después de la misa, me daba la mano y sacudía la cabeza, rogándome: «Regáñanos, padre». Pronto entendí que esto era lo que la gente venía a buscar de sus sacerdotes: un reporte extenso de lo decepcionantes que eran y cómo nunca estaban a la altura de las elevadas expectativas de Dios.

Cuando nos decepcionamos entre nosotros, menos nos parecemos a Dios. Tenemos un Dios que se pregunta de qué se trata todo ese cálculo, un Dios que se queda perplejo cuando elevamos el nivel de exigencia y luego lo elevamos aún más. Haríamos bien en preguntarnos: «¿Cómo maneja Dios el desaliento y la desilusión?». Sin duda, Dios debe desilusionarse por el hambre que existe en el mundo, cuando tenemos los medios para alimentar a todos. Dios se debe entristecer con el número de armas que hay en los Estados Unidos y la intención de las personas de usarlas contra los demás. No tengo duda de que Dios se entristece de que la Iglesia católica siga excluyendo del ministerio a las mujeres y no les dé la bienvenida a los homosexuales, a los divorciados y a los católicos casados en segundas nupcias. Imagina la respuesta de Dios frente a los escándalos mundiales de abuso sexual infantil de la Iglesia. Sin embargo, en todo esto, y en muchas otras cosas, la decepción no es lo primero que le ocurre a Dios. En su lugar, solo redobla su amor por la hermandad entre nosotros. Si de veras permitimos que esa ternura nos alcance, entonces la paz, la justicia y la igualdad serán su subproducto.

Un cuate, encerrado en una correccional de menores, me escribió: «De veras quiero cambiar, pero todas las noches rezo para que Dios venga a mi vida, y no sucede. Así es como a veces yo lo veo. Lo veo así… intento hablar con Dios pero es como si tuviera puesto un Walkman con sus auriculares escuchando algún viejo éxito y no pudiera oírme». A veces asumimos que Dios se queda en silencio porque consideramos que Él está muy decepcionado de nosotros.

«En la misericordia de Dios hay inmensidad», proclama el antiguo himno. Para poder experimentar esta gracia y amor

41

necesitamos aceptar que hay un lugar para nosotros allí. Dios nos ama por completo y si imitamos eso como comunidad, se disiparán el hambre, las armas, la desigualdad y cualquier otro mal. Esto solo puede suceder cuando sé que soy aceptado, en especial con mis errores. Un cuate llamado Eddie lo explica así: «Dios es esa persona que lleva el carro del supermercado y va a revisar tu basura. A veces no queremos que la revise, pero Él nos dice que quiere hacerlo. Creo que funciona así. Dios toma nuestra basura y la recicla para convertirla en amor».

Un cuate de diecisiete años que acababa de salir de una correccional viene a verme una semana después de salir en libertad. Me pregunta si recuerdo que hace algunos días le había dado una tarjeta de regalo para comprarse ropa. Claro que lo recordaba. Él me dice que la perdió.

—Y supongo... —le digo bromeando— que quieres que te dé otra.

Él se despide de la idea.

—No, eso sería ridíc... ¿PUEDE?

Todos estamos invitados a la grandeza de la generosidad de Dios, la inmensidad nos espera.

Lety, una mujer que ha tenido una vida difícil desde siempre, se acurruca sentada frente a mi escritorio. Nombra cualquier cosa horrible y terrible que pueda ocurrirle a un ser humano y ella lo ha vivido: prisión, drogadicción, violencia doméstica, le han quitado a sus niños. Si escribiéramos las cosas terribles que *no* le han sucedido sería una lista mucho más corta. De hecho, no se me ocurre nada. Yo no hubiese sobrevivido un día en su infancia. Ella me vino a pedir ayuda y de pronto dice:

—Ojalá tú fueras Dios.

Me río, pero veo que Lety, una famosa «chillona», está por comenzar a llorar.

—¿Por qué dices eso? —le pregunto.

Aquí hace una pausa para recuperar la calma, pero no para pensarlo.

—Porque... creo que tú me dejarías entrar al cielo.

Esto me toma por sorpresa y ahora yo me transformo en un «chillón». Me tomo mi tiempo para formular una respuesta mientras mis ojos se llenan de lágrimas. La tomo de las manos y la acerco lo más que puedo por encima de mi escritorio. La miro a los ojos. Ambos estamos llorando. Nos miramos mutuamente por un largo rato.

—Lety —comienzo—, te lo juro, SI YO entro al cielo y tú no estás allí... no me quedo.

Creemos que Dios tiene una tendencia a rechazar nuestra tarjeta de crédito, que nuestra cuenta con Dios tiene fondos insuficientes. No entendemos la generosidad de Dios, que desafía nuestra alergia humana a engañarnos. Pero Dios no es quien nosotros creemos que es. Una vez, mientras terminaba nuestro programa de entrenamiento, un cuate me dijo:

—Siento que aquí terminé gustándome a mí mismo.

En Homeboy supongo que la «tarea» es reparar los vínculos, pero en realidad es mirarnos a los ojos, llevarnos más allá de la amplitud de un escritorio y ver lo que Dios ve. Esta generosidad mutua es gratuita y abundante, es quien Dios es.

Thumper me llama y me dice que está listo para tomar su examen de conducir. Quiere usar mi coche. No estoy seguro de que sepa conducir, pero igual saco un turno para él en el Departamento de Vehículos de Motor y lo recojo en su casa. Le digo que tome el volante para que se acostumbre. De pronto el paseo se vuelve una montaña rusa. Thumper es, básicamente, el peor conductor que ha tomado un examen. Intento calmarlo mientras llegamos al lugar del examen y mi auto se coloca despacio en la línea para el próximo examinador.

—Sabes, hijo —le digo—, yo no pasé mi examen la primera vez. Así que ya sabes, tal vez con más práctica...

Luego veo que una examinadora se acerca a nuestro auto con una tabla y sonrío. Es María. Conozco a su familia casi desde que nació. Ella creció en los proyectos de vivienda pública. Di su misa de quinceañera. Bauticé a sus hijos. Miro a Thumps:

—Compadre, a menos que atropelles a un peatón, tal vez puedas pasar esta cosa.

María grita mi nombre cuando me ve y me pregunta qué hago allí. Hago un gesto hacia Thumper desde el asiento del pasajero. Luego ella rápidamente pone su voz de examinadora profesional.

—Discúlpeme, señor —dice guiñándome un ojo—, ¿podría bajarse del auto?

Cambiamos de puesto y ellos se van.

Camino de un lado a otro en el estacionamiento por unos veinte minutos hasta que los veo caminar hacia mí. Habían estacionado el carro a cierta distancia, en el extremo más alejado de la propiedad. Están en silencio. Busco una señal en el lenguaje corporal de alguno de los dos. Thumper me ve y disminuye el paso, así que queda detrás de María y ella no puede verlo. Él levanta los dos pulgares y me muestra una gran sonrisa. Luego la alcanza. Ahora es María la que retrocede para quedar detrás de Thumper. Ella hace el gesto de un enorme suspiro y, con mucha exageración, hace una señal de la cruz muy elaborada. María había merodeado por los terrenos generosos de Dios.

La generosidad en el budismo es quitarse la «mancha de mezquindad». Dios cree que hay mucho más que abarcar. Antes de que naciera Homeboy Industries, comenzamos una escuela alternativa para pandilleros en edad de ir a la secundaria, para quienes en los proyectos sembraban el caos y ninguna otra escuela los quería tener. Nuestro convento parroquial ocupaba todo el tercer piso sobre la escuela parroquial. Así que reuní a seis monjas belgas en su sala de estar. Sus acentos eran fuertes, pero sus corazones eran brillantes.

—Oigan —comencé—. ¿Podrían... ya saben... mudarse... para que podamos convertir el convento en una escuela para pandilleros?

Me miraron, luego se miraron entre sí y dijeron sencillamente:

—Por supuesto.

Ese fue todo el proceso de tomar la decisión. Sin manchas de mezquindad. La abundancia de Dios se abre paso entre las nubes simplemente con un «por supuesto».

«Amado mío, paloma mía, hermoso mío».

Un día oí esto en una misa, en la primera lectura de Cantar de los Cantares y pienso: «De ahí viene esto». Antes de ser ordenado, enseñé inglés en la Preparatoria Loyola, en Los Ángeles, a finales de los años setenta. Entre los casi treinta jesuitas que vivían allí había un hombre mayor llamado Alphonse Domachowski, un sacerdote cerca de jubilarse que era capellán de los Caballeros de Colón. Era bajito y su cuerpo era duro como una roca. Para tener más de ochenta años estaba en muy buen estado físico. Nadie lo llamaba Al, le decíamos Chisky. Charlie Gagan, el director jesuita de la escuela, solía ver a Chisky paseando con nosotros en los corredores largos y oscuros de la residencia y comenzar a cantar una versión modificada de la canción publicitaria del alimento para gatos Friskies: «Pequeño Chisky, pequeño Chisky... ¿nos divertimos?». Su caminar de pato resuelto se convirtió en su espasmo apopléjico. Siempre, esta rutina nos hacía morir de risa. Siempre. Un número que nunca pasaba de moda.

Todas las mañanas Chisky me veía caminar por el corredor de la residencia y decía con mucha dulzura entre el repiqueteo de la dentadura:

—Amado mío, paloma mía, hermoso mío.

Nunca supe que era de las Escrituras. Eso le daba a Chisky permiso para decirte, en voz alta, que te quería. Es Dios rimando en forma de un anciano polaco que se deleita en saludarte de la misma forma todos los días; es Dios, para quien nuestros chistes nunca pasan de moda, encontrándonos. Nos alcanza con su ternura. El camino está allanado. Básicamente eso.

>———◦———<

Chuy me envía mensajes de texto. Necesita ayuda para comprar un refrigerador.

Por mucho tiempo fue un pandillero y traficante de drogas pesado.

—Yo estaba disfrazado de ese tipo —me dijo una vez.

Él comenzó en nuestro programa como todos, de conserje, luego trabajó en el departamento de eliminación de tatuajes. Cuando se terminaron sus dieciocho meses, él continuó y encontró un trabajo bien pagado con la ayuda de nuestro departamento de servicios de empleo. En su último día en Homeboy pidió hablarles a todos en nuestro encuentro matutino. Dirigió unas palabras a los aprendices presentes:

—Todos ustedes —comenzó— son diamantes cubiertos de polvo.

Carraspeó por un momento.

—Ustedes… pueden quitarse el polvo aquí.

En su tiempo con nosotros, vivió una verdadera liberación y descubrió su verdadero ser. Como dijo un compañero de Homeboy: «Chuy aprendió a ser fiel a su propia vida».

Es un sábado y yo estoy saliendo apurado de misa para hablar en un bautismo. No obstante, Chuy es un compañero persistente, y me escribe tres mensajes, luego de los cuales le escribo que nos encontremos en la sección de refrigeradores de Sears a las 4:30 pm. Me responde: «De acuerdo. En Beers a las 4:30». «Muy chistoso». (Sears rima con Beers, que en inglés quiere decir cervezas).

Lo encuentro allí cuando llego, justo a tiempo. Galopa hacia mí, me toma entre sus brazos y me levanta del suelo en un gran abrazo. Muchos transeúntes se detienen a ver. Cuando me suelta, le pregunto:

—¿Ya han llamado a seguridad para correrte de aquí?

—Aún no —contesta—, pero es cuestión de tiempo.

Suelta su risa característica, esa risa que quisieras guardar y llevar contigo para poder escucharla siempre que necesites que te levanten el ánimo. Luego voltea hacia el vendedor, Édgar, con quien ya ha estado hablando. Me conmuevo al verlos interactuar y en poco tiempo llegan a un acuerdo y coordinan la entrega.

Llevo a Chuy de regreso a casa y al estacionar frente a su apartamento en la zona este me dice que últimamente ha «estado uno a uno con... ya sabes... con Dios».

—No lo entiendo —dice mientras voltea y me mira—. El tipo aparece —esto me resultó encantador y al principio reí, pero luego vi que Chuy estaba muy serio—. O sea... ¿por qué lo hace? —pregunta dejando caer sus lágrimas—. Después de toda la basura y el mal que he hecho, ¿por qué vendría?

El poeta Hafez escribe: «Desde que la Felicidad escuchó tu nombre ha estado recorriendo las calles tratando de encontrarte». El libro de Sabiduría pregunta: «¿Qué hombre puede conocer los designios de Dios o hacerse una idea de lo que quiere el Señor?». Nadie escapa de Dios. Por eso intentamos sentir la alegría de que Dios nos encuentre. Dios quiere nuestra felicidad. Nosotros debemos levantar nuestra antena hasta su punto más alto y estar alertas a los destellos de alegría desplegados. El camino está libre y la propia ternura de Dios es la que nos encuentra. Nunca debemos dejar de buscar, hasta darnos cuenta de que ya hemos sido encontrados. Buen trabajo.

Rico era una especie de mascota de la primera oficina de Homeboy. Como era un niño de diez años sumamente lento y el blanco perfecto para los bravucones, se llevaba la peor parte de todo tipo de burlas e insultos. Siempre me llamaba por el teléfono público de la Secundaria Hollenbeck, llorando porque alguien le había aventado sus libros o lo había arrojado al contenedor de basura. Muchas veces el bravucón que lo atormentaba cortaba sus llamadas. Encontró consuelo y refugio en nuestra oficina. La atención que recibía de todos nosotros era transformadora. Nuestro equipo lo llevaba de visita a la tienda Office Depot, pasaba tiempo con él, le enseñaba a ver la hora en el reloj y a memorizar su propio cumpleaños. Nunca se cansaba de lo generosos que eran todos con él. El hijo amado de Homeboy Industries.

Una vez, en una tarde calurosa de agosto, yo estaba celebrando la misa de vigilia de los sábados a las cinco en la Misión Dolores. Estaba en medio de mi homilía, parado al píe del altar, frente a la congregación, cuando la puerta del costado se abrió de golpe haciendo mucho ruido. Allí estaba el pequeño Rico, con una gran sonrisa en su rostro. Detuve el sermón y todos los ojos voltearon hacia él. Él estaba rebosante de alegría y lleno de entusiasmo, con las extremidades girando para todos lados.

—Rico —lo saludé—, ¿qué cuentas?

Y, así como si nada, Rico extendió sus brazos hacia mí y dijo con una alegría desenfrenada:

—¡Te estaba buscando!

Siento escalofríos.

Capítulo dos
«Santo aquí»

Siempre que Gato, un pandillero grande y fornido, cuenta una historia y se aproxima al punto culminante, quiere decir «y he aquí»[3], pero termina diciendo «y santo aquí»[4]. Nunca lo corrijo, porque su versión es mejor que la original, de hecho es algo sagrado y santo lo que está delante de nuestros ojos. Solemos pensar que algo sagrado tiene que verse de cierta forma. En nuestra mente, nos imaginamos los capiteles de una catedral, el incienso, un cáliz con joyas incrustadas, coros angelicales. Cuando imaginamos algo sagrado, pensamos en el santuario de una iglesia, y no en la sala de estar; en un cáliz, y no en una copa común; en un sacerdote ordenado, y no en nosotros mismos. Sin embargo, si miras lo que está justo frente a tus ojos, está sucediendo algo santo, incluso aunque no quieras creerlo.

El salmista dice que queremos evadir o escondernos del amor de Dios. «Si subo al cielo» o «si me tiendo en el abismo, estás presente». Pero en tu lugar más oscuro, o en lo que tú crees que son tus cosas espantosas más escondidas, aun allí habita Dios. Lo

---

[3] Que en inglés se dice *and lo and behold*. [*Nota de la traductora.*]
[4] Equívoco que transforma «and lo and behold» en *and holy befold*. [*Nota de la traductora.*]

que Dios considera sagrado no está encasillado. Como seres humanos, nos resulta difícil reconocer lo que Dios considera santo. Nada está fuera del terreno de la santidad, porque el mundo está lleno de la presencia de Dios. Él no comprende esta división que hacemos entre lo sagrado y lo que creemos que es profano, pero eso es lo que hacemos los seres humanos: le ponemos límites a lo divino.

Ignacio de Loyola nos invita a encontrar a Dios en todas las cosas, en *todas*. Está en lo cierto cuando dice esto, ya que el mundo está lleno de Dios. En efecto, la gracia está en todos lados. Ignacio convence a sus jesuitas de que dejen de meditar en las verdades divinas, idealistas y abstractas, y los guía a meditar sobre el mundo y todo lo que sucede en él, a caminar hombro con hombro con Dios. Vivimos en medio de un universo empapado de gracia que nos invita a disfrutarla.

Cuando los cuates terminan el día de trabajo, a veces en mi oficina se forma un «salón» informal, donde conversamos entre todos. Una vez decidí mencionar el tema de la iglesia, porque quería oír la experiencia de los cuates en ella. Me daba curiosidad si alguno de ellos alguna vez había tenido una «experiencia religiosa» en una iglesia o en las formas tradicionales que imaginamos. Me respondieron encogiendo los hombros y diciendo «no sé». Los presioné un poco, pero ninguno pudo recordar algo sagrado.

Entonces Néstor habló:

—Sí, yo recuerdo algo —de inmediato acaparó la atención—. Yo era un niño. Tal vez estaba en la iglesia con mi mamá, no recuerdo bien. Pero había una mujer al final de mi banco. Era la mujer más hermosa que había visto. No podía dejar de mirarla. Ella tenía a su pequeño hijo sentado sobre sus piernas. De pronto, sacó su pecho y comenzó a amamantar a su hijo. ¡Caray!… fue increíble. A partir de ese momento supe que amaría a las mujeres por el resto de mi vida.

De acuerdo, no es exactamente lo que estaba buscando. Quería algo más estereotipado: una persona sola rezando en alguna iglesia, un destello de luz que entra por el vitral. Entra un coro de ángeles. Imaginé a Néstor entre lágrimas, diciendo como el profeta Samuel: «Habla, Señor, que tu siervo oye». Pero eso no fue lo que pasó. En su lugar, contó un recuerdo real y literal de un momento sagrado que no pude desestimar. Con el tiempo comienzas a aprender a no descartar el poder de una sola cosa para llevar la suprema santidad.

Aunque las palabras no eran su fuerte, sabía que mi padre me amaba. En mis años de preparatoria, en casa éramos diez. Durante el desayuno, mi hermano y mis hermanas menores llevaban sus tazones de Trix a la otra habitación para comer mirando dibujos animados, mientras que mi mamá se quejaba por la infinita cantidad de ropa para lavar. Normalmente eso nos dejaba a mi padre y a mí comiendo nuestros Cheerios y leyendo el *The L.A. Times* en la sala del desayuno. Él solía sentarse en un banco bajo en un extremo de la mesa, cerca de las ventanas. Yo me sentaba en medio, con el tazón agarrado y el periódico abierto delante de mí. No hablábamos. El entusiasmo estaba estrictamente prohibido. «¿Cómo dormiste anoche?» era una pregunta que nunca se hacía. Solo el periódico, los Cheerios y el silencio.

Cuando mi papá terminaba y se levantaba de la mesa, tenía que pasar detrás de mí. Instintivamente yo corría mi silla para hacerle espacio, pero antes de pasar colocaba su tazón vacío en la mesa. Luego, cuando estaba parado detrás de mí, me masajeaba el cuello hundiendo sus pulgares. Olía a champú Fitch y loción Aqua Velva para después de afeitarse. El masaje no duraba mucho, pero lo hacía todos los días, sin decir una palabra.

Treinta años después, me encuentro en un retiro de silencio en un monasterio de los bosques de secuoyas de California, sentado en una capilla y teniendo una mala mañana. Estoy repasando viejas historias, heridas antiguas y resentimientos. El dolor en mi alma es palpable; de hecho, me envuelve. Estoy en una silla de la última fila, a un lado. Detrás de mí hay unos ventanales grandes por los cuales se ven las inmensas secuoyas con la primera luz de la mañana.

De pronto, siento que alguien está detrás de mí, masajeando mi cuello. Uno podría pensar que, como me dijo un cuate, es un «fragmento de mi imaginación», pero yo sé, como cuando uno sabe ciertas cosas, que es mi padre, aunque hace diez años que ha muerto. Siento que hunde sus pulgares en los músculos de mi cuello, justo en las áreas más afectadas por estos recuerdos antiguos y llenos de temor. ¡Y vaya sorpresa! Champú Fitch y Aqua Velva. Me echo a llorar, como solo se puede llorar cuando te hace un masaje una presencia sagrada que acabas de descubrir, con una paz que me inunda y una seguridad santa y firme.

Creemos que la santidad tiene un aspecto particular. Una vez vi el anuncio de una obra acerca de la mística polaca Faustina, la mensajera de la Divina Misericordia. La actriz estaba vestida con un hábito negro, los ojos hacia arriba, con un aspecto dulce, humilde y apacible. Una santa, retratada como esperas que sea: de voz suave, incluso un poco tímida, sin gracia y cohibida, supongo, con todo muy prolijo. La santidad siempre se representa de una forma inaccesible y aséptica. Ser un «santurrón» no tiene nada que ver con la «santidad». Lo primero que a uno se le viene a la mente es la caricatura del *The New Yorker* en la que un hombre está en las puertas de perlas frente a San Pedro, que está sentado en un escritorio, mirando una computadora. Pedro le dice al hombre: «Tú dices "dócil", pero en nuestros registros dice "pasivo-agresivo"». Nos quedamos con la imagen de santidad que tenemos, y no con la gente santa.

Un santo no luce como Mando. Una noche, tarde, estaba andando en mi bicicleta por los proyectos de vivienda pública de Pico Gardens, sorprendido por lo desierto que se veía todo. Luego vi a Mando, un joven de dieciséis años, sentado solo en la escalera de entrada de su apartamento. La bondad era característica en él. Una vez que estaba hablando con él por teléfono, me sentí tan a gusto con sus agradables modales que le dije:

—Mando, es un privilegio hablar contigo.

—¿Conmigo? —respondió sorprendido. ¡Yo! Estoy de rodillas.

Esa noche en particular me acerqué a él, en mi bicicleta playera azul y le pregunté:

—¿Qué estás haciendo aquí fuera?

—Rezando —me dijo, de forma realista—. De hecho, le acabo de pedir a Dios que me diera una señal de que es tan grande como pienso que es. Y luego apareciste tú. ¡La prueba!

Las personas más santas, diría, son las que están en busca de ciertos momentos de espacio y calma. Así como Mando, sentado en su entrada, recuperando una vez más la belleza, la inocencia y la plenitud en el corazón. En el sufismo a esto lo llaman «la voz del Amado». Me he cansado de intentar ser tan santo como Mando, aunque sí tengo ese deseo. Voy a imprimir una estampita con su cara en ella.

Me invitaron a hablar en San Francisco en un almuerzo en el Ritz-Carlton titulado «Héroes de la Compasión Olvidados», en el que las palabras de apertura las pronunció Su Santidad el Dalai Lama. El Servicio Secreto nos dijo que no nos parásemos cuando él entrara en el gran salón, así que permanecimos sentados, solo se oía el sonido de un violinista que estaba sobre el escenario, mientras Su Santidad recorría el salón y se detuvo a hablar con un adolescente con un cáncer agresivo, cuyo último deseo era conocerlo. Conversaron un poco, la multitud mantenía un silencio reverente, y luego el Dalai Lama subió los escalones del escenario. La música se atenuó. Mientras él se acercaba a un gran sillón en el centro de la plataforma, un encargado del sonido le colocó rápidamente en la oreja uno de esos micrófonos inalámbricos como los de Madonna. Cuando se acomodó en el sillón, se sintió aliviado y dijo:

—Oh, sí.

La multitud rio, entendiendo ese alivio que viene después de descansar luego de una caminata tan larga y dispersa. Él habló al principio y yo hablé al final. Era algo muy importante tener al Dalai Lama sentado a mi izquierda en una silla mientras yo hablaba, escuchándome y hasta riéndose. (¿No es ese uno de los puntos de la lista de cosas que hay que hacer antes de morir? Visitar Machu Picchu. Listo. Hacer reír al Dalai Lama. Listo).

Poco después, un amigo me envió un video de YouTube de Su Santidad en otro evento, donde un hombre y una mujer, sentados en un sillón, lo entrevistaban y le preguntaban acerca de lo sagrado y lo santo. Ellos se acercan esperando su respuesta. Él les cuenta acerca del gozo y la santidad de emitir flatulencias. Está fuera de sí riéndose, muy divertido por la elección de su tema y también por la reacción de sus entrevistadores. Hasta demuestra cómo liberar la presión de un gas en un vuelo. Apenas puede hablar, se ríe muchísimo, se inclina y levanta un glúteo santo para ilustrarlo. Los dos que están en el sillón se quieren esconder bajo los cojines. Hafez escribió:

En mis zapatos se escurren,
agua hirviendo,
pan tostado,
unta mantequilla en el cielo,

Ese es suficiente contacto
con Dios por un día
como para «enloquecer» a cualquiera.

Oh, ¿ya les mencioné las flatulencias? Cada momento de nuestra vida quiere encantarnos, cautivarnos, seducirnos, emocionarnos y complacernos. No debemos esperar a que esos momentos caigan del cielo, solo debemos estar alertas para atrapar esos momentos cuando suceden. Después de todo, así como ciertas funciones del cuerpo, descubrir lo santo en todas las cosas es un proceso. También es un impulso, como sonreír, que no espera la llegada del gozo, sino que lo antecede y lo apresura. Estar alerta a lo sagrado que habita entre nosotros es una decisión que se vuelve más significativa a medida que la ponemos en práctica. Mi amiga Pema Chödrön aconseja «mantener siempre una mente alegre». Resulta que la alegría viene con un «contrato de mantenimiento».

En Homeboy hay un tipo corpulento y fornido que se llama Isma y su torpeza es contagiosa. Tiene la cabeza rasurada y tatuajes por todos lados, con una *G* prominente cubriendo la parte frontal de su cuero cabelludo. Una de mis hermanas lo vio una vez y estaba convencida de que esa *G* era por mi nombre.

—Quiero tanto a tu hermano, que me hice esto en la cabeza —le dijo Isma señalando su tatuaje. Ella lo regañó y luego descubrió que la letra en realidad era por el nombre de su pandilla.

Además de ser muy bromista, Isma es conocido por crear una de las costumbres más preciadas en Homeboy. Todos los días tenemos un encuentro matutino. El área de recepción y el hueco de la escalera se llenan de cientos de empleados y aprendices, además de todos los vatos⁵ que esperan para entrar. Se hacen anuncios, se lee la declaración de la misión, se da la idea para el día y se explica el horario. También hay mucha interacción. Por ejemplo, siempre voy al equipo de eliminación de tatuajes y les digo:

—¿Eliminación de tatuajes? —para confirmar el horario en que los doctores estarán aquí.

Curtis, un pandillero afroamericano muy amable que trabaja en la clínica de eliminación de tatuajes (con una amputación y en muletas), grita:

—Todo el día.

Y el resto grita en respuesta:

—¡Todo el maldito día!

Cuando el entrenador de nuestro equipo de baloncesto anuncia que perdimos el juego de la noche anterior, el lugar explota con el mismo entusiasmo como si hubieran ganado un campeonato. Cuando la empleada designada de Homegirl anuncia la sopa del día, concluye:

—Y dicho esto —siempre usan esta frase—, que tengan un buen día.

La multitud estalla como si alguien hubiese anunciado el nacimiento de un bebé. El que dirige la oración de cierre siempre empieza diciendo: «Todos, inclinen sus cabezas» y todos en el lugar siguen sus instrucciones.

A estas queridas rutinas, Isma agregó otra. Al principio, cuando se le pedía a un aprendiz que leyera la declaración de la misión o la lista de las clases del día e Isma sentía que el aprendiz estaba nervioso, gritaba:

---

⁵ Término coloquial de origen mexicano usado en el norte de México y en el sur de los EE.UU., por migrantes mexicanos, para referirse a un individuo o conjunto de ellos, cuyo equivalente sería «dude», en inglés. [*Nota de la traductora*.]

—¡Conozco a ese tipo!

Todos reían y esto relajaba al que estaba leyendo. Él no lo hacía con todos, ni lo hacía solo con sus amigos, solo lo gritaba cuando sentía que a alguien le podía servir. Ahora, también lo hacen los demás.

Un día a Isma lo pusieron como cadete, cuyo trabajo es controlar y acompañar a todos los que vienen a mi oficina a verme. Él tenía «la lista» con los nombres de los cuates, donantes, funcionarios o estudiantes que esperaban hablar conmigo. Entra el primero que llega, lo atiendo y cuando termino de hablar con un cuate, le doy la señal a mi cadete para que traiga al siguiente, un reportero dice que es un momento similar a «el Padrino te verá ahora». A Isma le gusta tener este trabajo. Salta mientras está allí de pie, sonriente, con la lista sagrada, con su vivacidad normal multiplicada por diez. Desde mi oficina con paredes de vidrio le doy la señal para que haga entrar a la siguiente persona. Y él en vez de señalar al siguiente para que entre, se para frente a la puerta abierta con sus brazos al costado y hace una reverencia, como si fuera el mayordomo de *Downton Abbey*. Lo único que falta es que me llame «Su señoría».

—Su cita de las tres está aquí para verlo —dice en un tono formal. Le agradezco y lo observo mientras se acerca a un cuate que está cerca—. ¡Siempre quise decir eso! —exclama sacudiendo sus brazos como esos muñecos de aire desgarbados que anuncian la gran apertura de un centro comercial. No puede contener su entusiasmo. Así es como debe verse la vida en el evangelio y entrar en hermandad. Isma ha aprendido a disfrutar del placer, en vez de esperar a que aparezca, a ser constante en buscar lo santo en cada momento. Anticipándonos al cielo.

Un cuate llamado Lencho, su mujer y sus dos hijos finalmente pudieron tener su propio hogar. No es mucho, pero es de ellos. Ya no tienen que dormir en la sala de algún familiar o pelear por el baño.

—Mi vida se ha vuelto tan repetitiva —me dijo él una vez con mucha tristeza. Prisión, rehabilitación, adicción y repetir el ciclo. Lencho se había cansado de todo eso. Me pidió que un día me diera una vuelta para bendecir su nuevo hogar. Cuando voy, veo que el lugar está casi vacío y lo poco que tienen son cosas improvisadas con las donaciones de muebles que llegan a Homeboy. Hacemos la bendición, los dos pequeños sostienen con cuidado el cuenco de plástico con el agua bendita mientras caminamos de un cuarto a otro rociándolos. Bendecimos el baño «para que todo salga bien», los niños se ríen. Después de eso, Lencho me acompaña hasta mi auto.

—Imagínese, G. Tenemos nuestro propio hogar. Es decir, ¡podemos caminar desnudos! —Lencho estaba completamente eufórico y no iba a dejar que pasara ese placer sin disfrutarlo.

Un voluntario en la antigua Prisión del Este del Condado de Max está de pie en la entrada del comedor con un pequeño cuenco de agua bendita. Está por comenzar la misa y todos los presos se colocan en una fila, mojan un dedo en el agua y hacen la señal de la cruz. Luego veo a este hombre alto y calvo que después de persignarse, moja otro dedo y lo levanta con cuidado, intentando balancear la gota en la punta de su dedo. Con la otra mano, con destreza saca una fotografía del frente de su pantalón. Era una ecografía, casi toda negra con algunas espirales blancas. Allí de pie, sin salirse de la fila, con reverencia dejó caer la gota de agua bendita sobre la imagen, haciendo la señal de la cruz en ella. Luego la guardó suavemente en su bolsillo para mantenerla a salvo. Él me vio, me estrechó la mano y dijo:

—No sé si es un niño o una niña, todo lo que sé es que es una bendición.

San Ignacio quiere que tengamos en cuenta «cómo habita Dios» en las cosas y nos invita a asombrarnos por ecografías, atardeceres y todo lo que hay en medio.

Recuerdo que un día de pago en Homeboy Industries escuché a dos cuates hablando de lo que harían con el dinero. Uno de ellos, que recibía su primer cheque de pago, dijo:

—Voy a llevar a cenar a mi mamá.

—Hey, tonto —le respondió su compañero—. Vayan a ese lugar, Charlie Brown's. Ahí tienen servilletas de tela.

En Belén, hay unas palabras grabadas sobre una piedra en el suelo: «Y el verbo se hizo carne… aquí». En el polvo, el sudor, las pequeñas cosas, en la servilleta de tela y en el último lugar que veas, lo santo se manifiesta para que todos lo vean. Los grandes hallazgos nos esperan en las pequeñas cosas.

Siempre me conmueve lo cariñosos que pueden ser los cuates con sus mujeres. Claramente, como tienen pocos ejemplos en esta área y muchas veces han sido testigos de padres o figuras paternas que golpeaban a sus mamás, tienen cierta dificultad para encontrar la medida justa de cariño en las relaciones con mujeres. Muchas veces, me veo a mí mismo intentando hacer que las parejas tengan una pelea limpia. Un cuate, Sammy, vino una vez a mi oficina durante su turno.

—Debo irme a casa, G —dijo sin aliento—. Debo salir de aquí *ahora* —intenté que se tranquilizara y me explicara. Después de un momento me dijo que él y su mujer, Érika, habían tenido una discusión fuerte. Ella creía que él la estaba engañando. Luego me hizo escuchar un mensaje de voz de ella: «Oye cabrón, ten cuidado. Estoy a punto de tirar las cenizas de tu mamá por el inodoro». Aquí hay algo llamativo para ti. La mayoría de los días, el solo hecho de tener una pelea limpia ya es una gran victoria.

Otra pareja, Shorty y Abby, están en mi oficina en su décimo aniversario, toda una vida para las relaciones a las que estoy acostumbrado. Les pregunto cómo lo van a celebrar.

—No lo sé —dice Shorty, acercando a su mujer, rodeándola con su brazo y apretándola—. Tal vez lleve su trasero a Burger

King. Ya sabes, para darle una de esas coronas —todos comenzamos a reír, algo sagrado para contemplar. Estar alerta a lo sagrado que hay alrededor nuestro es una elección que se vuelve más segura a medida que la ponemos en práctica.

—◦—

Para cuando regresé de un viaje y visité a Gonzo en el Hospital General del condado, ya le habían amputado la pierna derecha por debajo de la rodilla. Una semana antes estaba de pie frente a una casa, en una fiesta de bautismo, cuando un auto estacionó allí. Alguien disparó desde el interior y tumbó a Gonzo al suelo. El equipo médico luchó durante cinco días para salvarle la pierna, hasta que finalmente se dio por vencido.

Las semanas siguientes al disparo, visité a Gonzo casi a diario. Los doctores le dijeron que para darle el alta, él debía caminar, comer y emitir flatulencias. Un día, cuando entré en su habitación, me recibió con una sonrisa y alegres noticias:

—G... ¡me tiré un pedo! —lo felicité y le dije que me encargaría de enmarcar su certificado. De mis ojos salió una lágrima, pero de los suyos un guiño. A esta altura, con sus casi treinta años, había conocido a este chico casi toda su vida y, sin embargo, a pesar de la tragedia que había vivido, era muy claro que no quería que me entristeciera, ni que perdiera las esperanzas. Él intenta cambiar el tema de conversación.

—Bueno, G, ya no volveré a bailar —me dijo.

—Amigo, te he visto bailar —le dije—, tampoco podías hacerlo antes.

Nos reímos, pero aun así, Gonzo quería dejar claro algo mientras estaba ahí en esa cama de hospital.

—G, no soy mi pierna.

Santo aquí.

Nuestros errores no son la medida de quiénes somos, así como tampoco lo son nuestras piernas. Debemos permitir que nos definan las cosas correctas. El maestro budista puede explicar su serenidad, paz y alegría al levantar un vaso y declarar: «Yo sé que este vaso ya está roto». Y Gonzo, un pandillero de Boyle Heights, tiene el entendimiento de un santo, está libre de lo que ata nuestro sufrimiento. Él es una muestra de lo que es mantenerse entero y libre del miedo que nos enreda.

Un día, estoy en el icónico edificio Sears en Boyle Heights para recoger el suministro de tarjetas de regalo para dárselas a los vecinos y escucho:

—¡Oiga, G! —volteo para ver a este pequeño amigo, Mario, que tiene la camisa de trabajo de Sears y arrastra un exhibidor de metal lleno de... los sostenes más grandes que he visto en mi vida. Eran tan largos como las varillas de hierro, en las perchas había copas de talla D (y aún más letras del abecedario). Mario es un hombre pequeño pero fornido, lleno de tatuajes. Esos eran sostenes muy pesados.

—Qué bueno verlo, G —dijo con voz tan fuerte que algunos clientes voltearon a mirarlo.

Le pregunté cómo había conseguido un trabajo en esa tienda.

—Su gente me lo consiguió —explicó. Luego habló un poco de la vida que había vivido antes y en su voz siento un rastro de arrepentimiento por el tiempo perdido—. Ya me cansé, G. No más diabluras.

Todas las historias de iniciación son relatos de viajes que incluyen montañas imposibles de escalar, peleas cuerpo a cuerpo con dragones, aguas furiosas que cruzar. Es el riesgo santo y valiente de cambiar la vida que conocemos para darle la bienvenida a algo completamente nuevo... y sin diabluras.

Mario está entusiasmado con su nueva vida y feliz como un niño. Después de expresarle mi orgullo y darle ánimo, se hizo una pausa. Supongo que mis ojos apuntaban hacia la mercadería que arrastraba, porque también él dirigió su mirada hacia allí.

—Imagínelo, G —dice en voz alta y sonriente—. ¡Tengo mi trasero entre sostenes!

>——◦——<

Todos tienen códigos con sus amigos, son esas expresiones utilizadas como atajos que manifiestan una idea más grande que viene de lo común y ordinario. Estaba en un tren con mi amigo Mark, un jesuita que trabaja conmigo en Homeboy. Un hombre muy grandote camina por el pasillo. Parece tener ya unos cuantos tragos encima y se dirige al bar del tren para tomar algunos más. Pero cuando llega a nuestra fila se detiene. Mira hacia adelante y luego eructa tan fuerte que hace que los otros pasajeros contengan la respiración. El sonido se escuchó en todo el mundo. Algunas parejas murmuran disgustadas, llenas de horror:

—Nunca en mi vida…

El hombre continúa hacia su destino. Mark me mira y sonríe:

—¡Qué bonita es la vida! —dice.

Ese ha sido nuestro código desde entonces. Si en nuestras rutinas nos encontramos con algún traspié o algo desagradable, se lo contamos al otro, hacemos una pausa y decimos al unísono: «Qué bonita es la vida». Entonces, ¿cómo podemos hacerle caso a Hafez cuando dice «mantente cerca de cualquier sonido que te haga feliz de estar vivo» y por qué le ponemos un límite a esos sonidos? Esto no está tan lejos de lo que dice Ignacio acerca de encontrar a Dios en todas las cosas.

Mi anécdota favorita del «Qué bonita es la vida» de Mark (y no conozco a nadie que tenga más historias que él) sucedió cuando él era muy joven en una noche de Halloween. Él iba de casa en casa con sus amigos, vestido de fantasma con dos agujeros para los ojos en una sábana. Llegaron a una puerta y Mark, como de costumbre, fue el último en acercarse a la mujer que repartía dulces, como le sucedía a Charlie Brown. Cuando finalmente llegó su turno en la fila, ella le dijo que se había quedado sin dulces. De pronto exclamó:

—Oh, ¡espera! Los tu-tus de Titi.

Ella regresó y arrojó algo en la bolsa de Mark, cerró la puerta y un perro comenzó a ladrar dentro de la casa.

—Titi, ¡silencio! —la oyó decir.

Cuando más tarde en su casa estaba revisando su botín, descubrió que en su bolsa, entre los dulces, había dos trozos de excremento duro que, seguramente, eran de Titi.

—¿Puedes creerlo? —dice Mark—. Mis amigos se quedaron con la basura buena y yo me quede con basura, punto.

Luego decimos, como si fuese un refrán: «Qué bonita es la vida».

Esta historia no solo es mejor que los dulces de mantequilla de maní de Reese's, sino que además es real. A veces, alguna señora demente pondrá excremento en tu bolsa, pero nadie te pide que la comas. Esas cosas te sorprenden e indican que la vida a veces puede ser muy curiosa. Y, bueno, sí… qué bonita es la vida. El libro de Sabiduría nos recuerda: «Tu espíritu imperecedero está en todas las cosas».

Antes, cuando la panadería Homeboy original estaba frente a la iglesia Misión Dolores, antes de que se incendiara en octubre de 1999, hice una de mis visitas nocturnas cerca de la hora de cierre. Obligado a estacionar a cierta distancia de la panadería, podía ver la luz solitaria en la entrada del edificio. Me distraigo con tres niñas adolescentes. Sus dedos están sujetando apenas la valla metálica del estacionamiento frente a la entrada de la panadería y están riéndose a carcajadas. Puedo oír el sonido estridente de la cumbia y luego veo el motivo de su diversión. El gran viejo Danny, uno de nuestros panaderos, está bailando esa cumbia ruidosa con el pequeño Carlitos, otro panadero. Ambos son de pandillas rivales y están tomados de los brazos, con sus uniformes blancos llenos de harina, girando para el deleite de estas niñas.

C. S. Lewis escribió: «La santidad... es irresistible». Es esa corazonada natural de sospechar que hacer cosas pequeñas posee un gran poder. Es una santidad transformadora en la que nuestros verdaderos seres desean participar. Una vez entré al baño en Homeboy y vi que dos urinarios estaban ocupados. De pronto alguien habló, mientras estaban haciendo lo suyo, un cuate estaba dándole consejos maritales al hombre del urinario de al lado.

—Ella solo necesita que la escuches, habla menos y abre más tus oídos. Verás lo que sucede, amigo.

Y dicho esto... qué bonita es la vida.

Alrededor del principio del siglo, me diagnosticaron leucemia y de inmediato comencé la quimioterapia. Soporté todo bastante bien. Sin embargo, le dije a un amigo que durante algunos días del tratamiento me sentía como uno o varios de los siete enanitos. A veces era Gruñón, Tontín o Dormilón. A veces incluso podía ser uno de sus primos: Gaseoso, Popó o Mareadín. Durante uno de los tratamientos, me llamaron para avisarme que Pájaro había sufrido un accidente automovilístico grave.

Pájaro, que ahora está en sus veinte, es uno de los pandilleros más cabeza dura que he conocido. Por mucho tiempo se negó a cualquier tipo de ayuda. Le encantaba fumar hierba mala (PCP), disparar a sus enemigos y provocar todo el tiempo. Siempre le he acreditado gran parte de mis canas a él. Al principio le conseguí un trabajo, pero le dieron un balazo y nunca regresó a trabajar. Aunque se recuperó del todo, tiró la toalla.

Sin embargo, en estos últimos años Pájaro ha cambiado las cosas, está trabajando y se convirtió en un esposo y padre dedicado, tiene dos hijos. La recuperación se ha vuelto parte del aire que respira. Lo he visto muchas veces en Homeboy, donde asiste regularmente a los encuentros de Narcóticos Anónimos.

—Estuvimos juntos en el campo de batalla, G —me dijo durante una de sus visitas. De hecho, es así.

En un intermedio de las sesiones de quimioterapia, me acerco a la unidad de Cuidados Intensivos del Hospital General para visitarlo. Incluso antes del cáncer no era ajeno a los horrores del hospital. Ya nada me sorprende ni me asusta demasiado, he visto cuerpos humanos rearmados de todas las formas posibles, pero al ver a Pájaro me quedé sin aliento. Casi todos los huesos de su cuerpo están quebrados. Ambas piernas están colgadas y enyesadas, se mantienen unidas por una gran cantidad de broches. Él está inmóvil y entubado, sin poder hablar y con intravenosas por todos lados. Nunca he visto un cuerpo tan devastado y desarmado como el que tenía frente a mí. Sus ojos se sorprenden cuando me ve, florecen y cobran vida. No veo en ellos pánico, solo una sensación firme, el fundamento de todo ser. Clava su mirada en la mía y mis ojos brillan.

Le digo muchas veces que va a salir de esto, lo mucho que todos lo queremos, etc. Esas cosas que solemos decir. Continúo hablándole, intentando esconder el malestar y la angustia que tengo mientras estoy parado allí junto a su cama. Le ofrezco rezar por él y lo hago, pongo mi mano en su frente y lo unjo con el aceite que se usa para el Sacramento de los Enfermos. Cuando termino, él hace un pequeño gesto con la mano derecha, como indicando que quiere escribir algo. Unos pocos dedos de su mano derecha parecen ser los únicos huesos sanos en el cuerpo de este hombre. Tomo un pequeño anotador de papel de una mesa cercana y le doy mi pluma.

Después de mucho trabajo, Pájaro escribe esto: «¿Pero TÚ, G? ¿Cómo estás TÚ?». Ambos «TÚ» están en mayúsculas. Me echo a llorar y me cubro la cara con las manos, indefenso en presencia de tanta generosidad.

De pronto suena la alarma de una máquina y le pregunto qué significa. «Me voy a autodestruir», escribe. Luego comienza a hacer gestos de explosión como puede, supongo que para rescatarme de esos sentimientos abrumadores en los que estoy sumergido.

—Todo lo que sé, es que te quiero mucho, Philip —le digo mientras me voy, utilizando su nombre de pila.

Él hace un último gesto nervioso por la pluma y el papel. «Te quiero MÁS», escribe.

Lo divino siempre quiere liberarse, ya no quiere estar limitado por tanto tiempo a lugares pequeños. Ese asombro santo en Dios quiere salir despedido, florecer y crecer, hacerse carne... aquí. Dado que el vaso ya está roto, bien podría conectarse tanto con Dios que nos vuelva locos a todos.

Capítulo tres
«Todos estaban asombrados»

Últimamente he estado dando un paseo sin prisa por los Hechos de los apóstoles. Este libro del Nuevo Testamento además de ser un panorama singular de la vida de la primera comunidad cristiana, también es una lección de cómo medir la salud en cualquier comunidad. Cuando lees Hechos con este lente, las cosas comienzan a salir de las páginas. «Ninguno padecía necesidad». Sería difícil encontrar un parámetro mejor.

Hay una oración que me hizo detenerme: «Todos estaban asombrados». Pareciera que, posiblemente, la mayor medida de salud en cualquier comunidad bien puede ser la habilidad de asombrarnos por lo que nuestros compañeros tienen que cargar, y no de juzgarlos por la forma en que lo hacen.

Muchas veces los cuates dicen: «Me crié en las calles», pero para Mónica esto era literal. Ella no tenía techo, era miembro de una pandilla y una sobreviviente, su conducta en Homeboy muchas veces daba miedo. Una vez pateó la puerta de vidrio de la entrada. En otro ataque de furia particularmente salvaje fue a la cocina y comenzó a beber de un trago un limpiador púrpura multiuso llamado Fabuloso. Por ese incidente, luego le pusieron el sobrenombre de Fabulosa.

A pesar de estos arrebatos, aún espero que se sienta atraída por la santísima trinidad (Recuperación, Medicina y Terapia) pero cada uno obtiene las victorias que puede. Una vez la corregí por hablar con crueldad a una de las aprendices.

—Pero solo le dije «cierra la boca» —dice indiferente—. No le dije «cierra la boca, maldita perra».

Un progreso. El asombro nos obliga a intentar y entender el idioma que habla su conducta. Criticar nunca es más importante que la conducta.

Después de otro incidente, el padre Mark le dijo con ternura:

—Ojalá pudiera adoptarte.

—No me querría tener de hija —respondió ella entre lágrimas.

—Por supuesto que sí —le dijo—, nunca me aburriría.

Mark sabe que no puede llevar las cargas de Mónica, pero sí puede cargarla a ella.

Una vez me invitaron a hablar a seiscientos trabajadores sociales en Richmond, Virginia. Muchas veces suelo aceptar invitaciones como estas sin analizar muy bien los detalles. Supuse que en ese evento debía dar un discurso inaugural o una presentación en un almuerzo, pero cuando leí la letra no tan pequeña, me di cuenta de que me había comprometido a un día completo para los servicios con pandillas, desde las 9:00 a. m. hasta las 5:00 p. m., y era el único participante. Descubrí esto una semana antes del vuelo. Así que llamé a dos aprendices a mi oficina, DeAndre y Sergio.

—Miren, van a venir conmigo a Richmond, Virginia —les dije—. Quiero que se paren ahí y cuenten sus historias. Tómense su tiempo… porque tenemos todo un día para hacerlo.

Sergio tenía alrededor de veinticinco años, un pandillero tatuado que había estado bastante tiempo en prisión. También había vivido en la calle por un tiempo y por aún más tiempo había sido adicto a la heroína. Yo conocía partes de su historia: bebía e inhalaba pegamento a los ocho, eso lo llevó al *crack*, al PCP y, finalmente, a la heroína. Lo habían arrestado por primera vez a los nueve por asaltar y forzar una entrada, a los doce se había unido a una pandilla y le dieron dos años y medio por apuñalar al novio de su mamá, que intentó abusar de él. Sergio comenzó en Homeboy en lo que llamamos «el lugar humilde», el equipo de conserjería, pero con el tiempo se convirtió en un miembro muy valioso para el equipo de abuso de sustancias. Estaba firme en su recuperación y ayudaba a los cuates más jóvenes a intentar estar desintoxicados.

Cuando se paró frente a la audiencia en Richmond, Sergio comenzó a contar su historia de manera muy relajada.

—Se podría decir que mi mamá y yo, bueno… no nos llevábamos muy bien. Creo que tenía seis años la vez que me miró y me dijo: «¿Por qué simplemente no te matas? Eres una carga para mí».

Seiscientos trabajadores sociales se quedaron boquiabiertos a la vez. Sergio abanicó sus manos como si intentara apagar una fogata.

»Suena mucho peor en español —dijo de forma reconfortante.

Todos rieron. Todos pasamos enseguida del asombro a la risa. Apenas había dicho una oración de su historia y todos necesitábamos reír.

—Creo que tenía como nueve años —continuó Sergio—, cuando ella me llevó en el carro a la parte más profunda de Baja California, me llevó hasta la puerta de un orfanato y dijo: «Encontré a este niño» —hizo una pausa, su voz comenzó a quebrarse lentamente—. Estuve allí noventa días hasta que mi abuela pudo saber dónde me había dejado mi mamá y vino a rescatarme.

Sergio pensó sobre lo que diría después.

—Mi mamá me golpeaba todos los días durante mis años de primaria con cualquier cosa que puedan imaginar y muchas otras que ni se imaginarían. Mi espalda estaba ensangrentada y con cicatrices todos los días. De hecho, tenía que ponerme tres camisetas para ir a la escuela: la primera por si la sangre se filtraba, la segunda por si se pasaba y, finalmente, la tercera para que no se viera la sangre. Los niños en la escuela se reían de mí. «Oye tonto, hace cien grados, ¿por qué usas tres camisetas?»

Volvió a hacer una pausa para acomodar sus emociones, su discurso momentáneamente se detuvo. Por un momento parecía estar observando alguna parte de su vida que solo él podía ver.

—Usaba tres camisetas —dijo finalmente tragándose las lágrimas—, también en mi adultez, porque me daban vergüenza mis heridas y no quería que nadie las viera.

De pronto encontró una posición más elevada en la que podía apoyarse.

—Pero ahora veo con buenos ojos a mis heridas y paso mis dedos por las cicatrices. Mis heridas son mis amigas. Después de todo —continuó casi quedándose sin palabras—, ¿cómo puedo ayudar a otros a sanar si no acepto mis propias heridas?

Todos estaban asombrados.

La mística del siglo XIV Juliana de Norwich creía que la vida espiritual más auténtica y real era la que producía asombro, humildad y amor. Sin embargo, el asombro se pierde en este trío. Cuanto más nos asombramos, más prósperos somos; y somos más pobres cuando nos ponemos en la posición de juzgar. Juzgar crea la distancia que nos separa entre nosotros, nos mete en ese juego competitivo que siempre lleva al engrandecimiento propio. Estar con los marginados no nos recuerda nuestra superioridad, sino nuestra propia fragilidad. El asombro es un gran nivelador. Abrazar nuestro sufrimiento nos ayuda a conseguir una intimidad espiritual con nosotros mismos y con los demás. Si no aceptamos nuestras propias heridas, nos veremos tentados a menospreciar a los heridos.

Henry, a quien conozco hace un tiempo, languidecía en el hospital East LA Doctors luego de una apendicectomía. Pon a un cuate en un hospital y se convierte en el niño que tal vez nunca pudo ser. Henry no tenía padre y, aunque su madre estaba allí, no tenían una relación cercana.

—Creo que me tocó la mamá equivocada —me dijo una vez. Él tenía dieciocho años y ya se había acostumbrado a la vida oscura y vacía de las pandillas. Sin embargo, esa dureza desapareció rápido cuando le pusieron una bata de hospital y lo conectaron a unas máquinas.

—¿Te duele? —le pregunté cuando lo visité.

—Solo cuando respiro —admitió tranquilo. Entonces le dije que no respirara, pero no estaba de humor para reírse.

Le pregunté qué deseaba y anhelaba.

—¿Se refiere a qué quiero ser cuando crezca? —dijo con una mueca. Luego el aire de arrogancia desapareció y de pronto quedó en un lugar triste y desolado—. Oh, G, hace mucho tiempo que ya no pienso en mi futuro —se veía sorprendido por la aparición de las lágrimas—. Sip, no hay nada allí. Nada.

Muchas veces lo que se descubre durante los momentos de dolor es la pena a la que se aferra la gente. Un día, después del trabajo, tengo una conversación en mi oficina con Alex, un vato más viejo que está comenzando a dejar que los recuerdos de su juventud salgan a la superficie. Cuando tenía nueve años, recuerda que sus padres estaban peleando detrás de la puerta cerrada de su habitación. De pronto no se oyen más gritos, explica, pero comienza a oír ruidos de cuerpos que vuelan y muebles que caen. Alex está fuera golpeando la puerta, con su rostro lleno de lágrimas, gritando desesperado:

—¡Paren! Por favor, ¡paren!

Luego, con todas sus fuerzas, este pequeñito derriba esa puerta, tan sorprendido como todos los demás. La puerta se sale de sus bisagras, vuelan astillas de madera, aterriza en la habitación y cae sobre la cama. Sus padres están atónitos y observan a su hijo. Los tres se quedan en silencio. Enseguida el padre pone las manos en su rostro y llora sin reparos.

—Luego mi padre me esquivó y salió corriendo de la habitación —recuerda Alex—, de la casa y de nuestras vidas, para siempre —ahora él llora, así como imagino que su padre lloró hace tantos años—. Y todo por mi culpa.

Lo que es más devastador a veces no es exactamente el dolor, sino lo que se esconde detrás. El poeta Jack Gilbert dice: «No se trata de lo que nos sucedió en la infancia, sino de lo que hay dentro de lo que ha sucedido».

Jorge está muy conmovido y llora frente a mí de forma incontrolable. No tarda en decirme por qué. Ha venido desde su casa, donde apuntó con un arma a su mamá y a su mujer.

—Tengo veintitrés años y ya estoy cansado —dice—. Quiero dormir y no volver a despertarme —llora aún más—. Mis padres me golpeaban y yo siempre lloraba, hasta que decidí que nunca más volverían a hacerme llorar. Ellos continuaron golpeándome, pero nunca volví a llorar.

Cuando alcanza una claridad aún mayor, dice:

—No quiero ser esclavo de mis heridas.

Mary Oliver escribe: «Que todos los que sufren en el mundo, tengan un día libre».

Pasamos tanto tiempo preguntándonos de dónde viene nuestro sufrimiento, que nos queda poco tiempo para preguntarnos hacia dónde nos lleva. En las comunidades urbanas más pobres del condado de Los Ángeles, uno de cada tres jóvenes sufre de desorden por estrés postraumático. Eso es el doble de la cifra de los soldados que regresan de la guerra. Cada cuate que atraviesa nuestras puertas trae consigo un depósito de actos terribles contra ellos, desde tortura, abuso y violencia, hasta abandono, descuido y pánico.

Cuando finalmente están listos y dispuestos a contar su historia, pueden expresar ese dolor y controlarlo. Sería difícil sobreestimar el valor que hace falta para eso o el tiempo que toma este tipo de procesos. Uno me dijo una vez:

—A nosotros nos sacaron la autenticidad a golpes.

Mientras cuentan su propia versión de las cosas, tal vez por primera vez, ahí pueden oírla de verdad. En el momento en que uno dice: «Así fue para mí», uno renace. Encontrar nuestras heridas nos lleva al lugar grato de la fragilidad, el punto de contacto con otro ser humano. Cuando compartimos entre nosotros los pedazos que hemos desenterrado, avanzamos hacia la intimidad de la curación mutua. El asombro nos ablanda ante la mirada tierna de Dios y luego nos permite mirar de la misma manera.

Debemos intentar y aprender a dejar la carga de nuestros propios juicios, aceptando que aquello que la mente quiere separar, el corazón lo quiere juntar. Dejar esta enorme carga interior de juicio nos permite hacer de nosotros lo que Dios quiere que el mundo finalmente sea: personas que viven asombradas. Juzgar, después de todo, ocupa el espacio que necesitas para amar.

Una actitud de prepararse para asombrarse en todo momento es aquella que insiste en que la compasión siempre es la respuesta a las preguntas que están ante nosotros. Un cuate una vez me contó algo que le había sucedido cuando tenía siete años. Después de haberlo borrado durante treinta años, sintió que ahora sin miedo podía regresar a salvo a esa escena. Sus padres habían estado gritándose ferozmente y la pelea alcanzó su punto culminante cuando do el padre, con cierta calma y un solo puñetazo, dejó a su madre inconsciente. Mientras ella estaba allí en el suelo, sin reaccionar, su padre lo miró y le dijo:

—¿Ves? *Así* es como se golpea a una mujer.

La historia es espantosa, y ese horror nos lleva a juzgar, especialmente al padre, quien seguramente estaba enfermo mentalmente o había estado expuesto a una violencia similar cuando era niño. Si apartamos la vista del padre, también lo haremos con el hijo y aborreceremos su futura actividad criminal, pero seguramente él quedó marcado por ese momento y nosotros deberíamos haber utilizado más nuestra empatía para evitar que el ciclo se repitiera. La hermandad nos pide que cambiemos la actitud de echar culpas para ser más comprensivos. Cuando tenemos esta actitud de asombro se vacía un espacio para hacerle lugar a la compasión. Dios le dice a Abraham: «Camina en mi presencia y sé irreprochable».

En Homeboy hemos descubierto, mediante las historias que escuchamos, que el trauma puede ser tanto biológico como patológico. En respuesta, intentamos crear una comunidad arraigada en la resiliencia. Cuando Rascal regresó a su hogar luego de cuatro años en la Correccional de Menores de California, su mamá le hizo simultáneamente la fiesta de «bienvenida» y la de «despedida», a la que asistí. Ella nos explicó este doble motivo a todos los que estábamos reunidos en el patio trasero.

—No lo han visto por un tiempo y tampoco lo volverán a ver por un tiempo —dijo con realismo. En lugar de celebrar solo el regreso de su hijo, ya estaba dando por sentado que él pronto iba a volver a sus viejos hábitos. De hecho, Rascal regresó a prisión, pero uno se pregunta cómo hubiese sido el final si en esa fiesta se hubiese colgado un solo cartel.

Un cuate llamado Saúl casi muere por sobredosis de heroína. Louie, su hijo de diez años, le escribió esta carta y la envió a su cuarto del hospital. Hoy, Saúl tiene la carta tatuada en la pantorrilla, exactamente como su hijo la escribió, de su puño y letra.

—Supongo que pude haber guardado la carta —me dijo en una ocasión—. Pero la quería llevar encima para poder leerla todos los días.

Querido papá:
No tengo mucho que decir pero quiero que dejes de drogarte. No quiero que mueras tan joven. Quiero que estés cuando yo tenga un hijo. Me puse muy triste cuando mi mamá me dijo lo que te había pasado. Bueno, eso es todo lo que quería decir.

P.D.: Por favor, no lo hagas más.
                                        Saludos,
                                   Tu primer hijo.
                                        Te amo.

Hace más de diez años desaparecí por un tiempo mientras me sometía a quimioterapia por la leucemia. Cuando llegó mi cumpleaños, la gente insistió en que dejara mi reclusión, celebrara la Eucaristía y festejara con ellos en la Misión Dolores. Como era de esperar, la experiencia fue abrumadora. Apenas pude dar la misa; me detuve muchas veces para recuperar la compostura. La iglesia se llenó de cantos y el espíritu increíble de la gente, a la que había servido por seis años, me dejó mareado. Me volvió el alma al cuerpo. Sentí que valió la pena.

Después de la misa, la multitud me llevó a la plaza, donde nos esperaba uno de los festines habituales. Una mujer bajita se acercó y me abrazó. Yo me agaché y la besé en la frente.

—Entonces, ¿lo sabe? —preguntó. Le respondí que sí, pensando que era Lupe Montes, de quien había oído que su hija mayor, en su séptimo mes de embarazo, había dado a luz a un niño que nació muerto. Pero mientras la abrazaba, me di cuenta de que no era Lupe Montes. Era la Lupe equivocada. Sin embargo, podría haber abrazado y besado a cualquiera en el patio esa noche, todos eran pobres y estaban agobiados por las cargas, más que la mayoría, y cualesquiera de ellos podría haber preguntado: «¿Sabes lo que estoy pasando?».

Un cuate me llamó por teléfono y se puso a llorar, lamentando que su refrigerador tenía una enfermedad terminal. Toda la comida que había se echó a perder y él sentía que estaba en el final de una cuerda muy desgastada y deshilachada. Cuando vino a mi oficina buscando ayuda, unas horas después, se disculpó por haber tenido lo que llamó un «colapso electrodoméstico». En lugar de decir que esto había sido «la gota que derramó el vaso», dijo «es la gota que inundó todo».

Una máxima de autoayuda para los privilegiados es decir: «No te preocupes por las pequeñas cosas». Pero la gente menos afortunada tiene que hacerlo. Lo que algunos privilegiados consideran «pequeñas cosas» son precisamente los obstáculos que frustran los planes de los menos afortunados: no tienen cuentas bancarias, no tienen auto, o al menos uno que te dé la seguridad de llegar a donde quieres ir, no tienen seguro médico, no les alcanza ni para comprar un paquete de pañales (y cuando tienes un bebé sucio y no tienes pañales, diría que «preocuparse» es inevitable). Ser pobre no significa simplemente tener menos dinero que los privilegiados, es vivir en un estado de crisis aguda constante. Eso es lo que tienen que arrastrar todos los días.

Los pobres siempre están al borde de la desgracia y la catástrofe. Los cuates que ahora han elegido «seguir las reglas» muchas veces se ven atorados en lo que llamo la «economía de elección forzada» y tienen que elegir entre alimentar a sus niños o pagar la renta, vivir sin calefacción y electricidad o echarle gasolina al auto.

Hay muchas posibilidades de que una gota los inunde cualquier día. Vivir en una precariedad como esa es estresante; sin embargo, navegar en medio de ese estrés también es abrumador.

Un cuate llamado Cruz gastó sus últimos dólares en el boleto del tren Metrolink para viajar sesenta millas [casi cien kilómetros] hacia Los Ángeles desde San Bernardino, a donde se habían mudado su mujer y su hijo recién nacido para evitar los peligros y la desesperación de su antigua vida de pandillero. Él tenía un trabajo de medio tiempo, pero no podía hacer que su jefe le diera más horas. Ahora está sentado en mi oficina, agitando la lista de las presiones y necesidades de su familia. Como no tiene ningún respaldo a la vista excepto yo, me cuenta que no tienen comida en el refrigerador, no tienen luz, el propietario los amenaza, no les alcanza para el boleto de autobús. Cuando termina su relato abrumador, Cruz se detiene temblando y cansado. Sus ojos se llenan de lágrimas y dice con calma:

—Solo sigo esperando.

—¿Esperando qué, hijo? —le pregunto.

—Que los últimos sean los primeros.

<hr/>

En la montaña esta noche la luna llena
se encuentra con el sol. Este puede ser el momento
en que nos derrumbemos o nos volvamos completos.
Parece que llegó nuestra hora, creo que hasta oigo el tiempo
detenerse.
¿Por qué continuamos nuestro cántico tanto tiempo?
Porque ese es el tipo de criaturas determinadas que somos.
Ante nosotros, nuestra primera tarea es asombrar
y luego, lo más difícil, ser asombrados.
GALWAY KINNELL

Debemos decidir ser determinados y, finalmente, asombrados. Cuando el juzgar termina de consumir todo el oxígeno de la habitación, su lugar lo ocupa un amor asombroso que nos puede tocar a todos.

Un cuate me explicó:

—Es como mirar por una ventana en un día lluvioso y tormentoso donde el viento sopla fuerte. Tú lo ves, pero no te hace nada. Para comprender esto realmente, debes abrir la ventana e intentar tocar la lluvia.

En la Correccional Paige, un joven llamado Efraín está a punto de hacer la Primera Comunión. Los voluntarios improvisaron una camisa blanca almidonada y una corbata negra para ponerse con sus jeans gastados. Él estaba nervioso esperando que llegaran su mamá y su hermano, y yo también lo estaba. Muchas veces los padres prometen que van a estar allí, los chicos los esperan y luego se desilusionan; me temo que lo mismo le está por suceder a Efraín. «Será difícil esperar mucho tiempo más y retrasar el comienzo de la misa», pienso, pero en ese momento llega su mamá de la mano de un joven. Resulta ser el hermano mayor de Efraín, quien claramente es autista y tiene problemas para familiarizarse con este lugar extraño. Ellos se acomodan, la misa comienza y Efraín sonríe. Al poco tiempo de empezar, su hermano tiene un colapso, de esos que, de verdad, nadie había visto. Grita, patea y sacude los brazos y las piernas. Es tan fuerte que Efraín tiene que usar toda su fuerza física y emocional para llevarlo hacia afuera. A través de las puertas del gimnasio puedo ver a su madre sentada con calma en un banco junto a él, esperando que pase el ataque, pero los gritos continúan sin cesar. Efraín, inmutable y solemne, hace su Primera Comunión. Su mamá y su hermano no pudieron ver nada de eso.

Al final, cuando me acerco a Efraín para ver cómo está, esperaba que me respondiera con rabia, con un montón de reproches y frustración porque este día se había arruinado gracias a su hermano. En lugar de eso, comenzó a llorar suavemente y a señalar a su hermano, que está meciéndose metódicamente hacia adelante y hacia atrás en el banco.

—Él nunca ha pecado —dice intentando recomponerse para poder continuar—. Él está más cerca de Dios que todos nosotros.

Su madre, que estaba cerca, lo oye y dice en español:

—Él es la bendición de nuestra vida. Le damos gracias a Dios por él todos los días.

Efraín asiente.

Estoy en la iglesia Misión Dolores dando la misa nocturna del domingo. Acabo de terminar mi homilía y estamos en medio de las peticiones cuando desde fuera, en la entrada de la iglesia, se oye: «Maldita sea, *no* me voy a callar».

Desde donde estoy no puedo ver quién está insultando, pero sí advierto que es una voz femenina. Muchos se vuelven para ver y algunos «animadores» (una expresión de los cuates para aquellos que se meten en los tumultos) se acercan a la puerta queriendo, supongo, detener el alboroto. Hay otro momento de silencio durante las peticiones y luego el griterío aumenta los decibeles. Finalmente reconozco la voz, es de Lucy, la Loca del Carrito de Compras (como la llaman todos).

—¡El padre Greg sabe lo que digo! —la oigo gritar.

Termino de rezar por las peticiones, camino hasta el coro y, en español, les pido que canten el himno ofertorio:

—Canten todos los versos dos veces.

Bajo hasta el fondo de la iglesia por el pasillo del costado.

Lucy es una mujer de cabello rubio enmarañado que tiene más de cuarenta años y está en un modo de «no necesito medicación». Su rostro está rojo de ira y por haber estado muchos días sin protección del sol. Las drogas, los cigarros y la vida en la calle la han curtido. Está quejándose de que la gente quiere matarla y que alguien le debe trescientos dólares. Toma un respiro y por un momento hay un silencio bienvenido. Luego suspira y dice:

—Intenta empujar este carrito todo el día.

El comentario no es dirigido hacia mí, sino al cosmos. Sin embargo, evalúo la oferta y ambos asentimos en silencio. Luego, no sé por qué, ambos nos echamos a reír a todo pulmón, pero inmediatamente recordamos dónde estamos e intentamos hacer callar al otro. Le doy veinte dólares y, con un abrazo, nos decimos lo mucho que nos queremos. De veras nos queremos.

—Si no fueras sacerdote —dice antes de hacer una pausa para mirarme—, te sacudiría todo —y reímos aún más.

—Lucy —le digo—, es la mejor oferta que me han hecho en todo el día.

Nos seguimos riendo mientras ella se aleja con su carrito. Cuando regreso a la iglesia, el coro está terminando el último verso por segunda vez.

Los «monstruos marginales» están constantemente amenazados y respiran humillación todo el tiempo. Es entendible que piensen que su único remedio es defenderse y sobrevivir. Cuando conspiramos con Dios para avanzar hacia este asombro trascendente, solo nos queda una caricia suave, una risa tierna y el «cerebro sobreviviente» siente un alivio que nunca ha sentido antes.

Pablo está completamente tatuado, vive nervioso (lo que lo hace tartamudear) y se distrae fácilmente. Aunque no comete errores, es torpe. No pelees con él, pues te hará añicos, pero solo si se siente arrinconado. Intenta con todas sus fuerzas no sentirse arrinconado, es un tipo grandote al que le sobra amabilidad. Un día toma el lugar de otro cuate en la recepción de Homeboy, sustituyéndolo mientras almuerza. De pronto aparece en la puerta de mi oficina, frenético.

—Stephanie vino a verte —dice señalando a una mujer con dos niños que está esperando en el área de recepción. Normalmente el recepcionista me envía una nota con uno de nuestros «mensajeros» para decirme mediante un garabato: «Stephanie quiere verte», pero Pablo trajo el mensaje él mismo porque no sabe cómo escribir «Stephanie».

Al día siguiente, me sorprendo cuando recibo una nota que dice «Pablo quiere verte». Entra a mi oficina y está furioso como nunca antes lo había visto.

—Necesito a Yadira —dice, refiriéndose a una chica que trabaja aquí.

—¿Por qué? —le pregunto.

—No sé cómo explicarlo, me complicaría demasiado.

Le digo que cuando habla conmigo no hace falta que su «abogado» esté presente.

Pablo me cuenta que, cuando regresó a casa al mediodía para almorzar, él y su mujer, la madre de sus tres hijos, habían tenido una pelea. Suelen discutir por muchas cosas y muy seguido. Una vez los llevé a ambos a cenar para darles consejos matrimoniales mientras comíamos burritos.

—Me gustaría que fuéramos como otras parejas —suspiró Pablo después—. Ya sabes, como dos tortolitos.

En mi oficina, le pregunto sobre qué discutieron.

—No nos alcanza para pagar la renta este mes.

Entonces le doy el dinero que necesita.

Al día siguiente Pablo se acerca, me abraza y me entrega una nota. Me dice que la lea, pero después lo miro y veo que está llorando. Esa noche, cuando regresé a casa, encontré su nota en mi bolsillo y la tomé para leerla.

A mi verdadero papá. Gracias por ayudarme a mí y a mi familia. Te agradesco mucho las cosas que hases por mí y por los demás.

Te quiero mucho papá. Mi verdadero papá no hiso esto por mí. Grasias papá y Feliz Navidad.*

Supongo que debe de haber sido el espíritu navideño.

>———o———<

Además de pronunciar el discurso de apertura en una conferencia en Palm Springs, me pidieron que diera un taller para mentores. Como siempre busco disminuir mi carga de trabajo, llego acompañado de dos cuates, Manny y Chubbs.

—Cuenten sus historias —les digo— y asegúrense de mencionar a alguien que los haya guiado en su vida.

Manny es un pandillero de contextura maciza, tiene su barrio grabado en el rostro de todas las formas imaginables (en diagonal en sus mejillas, llenando el espacio del cuello, en números romanos en la frente, etc.). Su propio rostro te invita a juzgarlo.

Llegó a Homeboy hace solo unos meses y esta sería su primera incursión en el arte de hablar en público. Me siento al final de la concurrida sala de conferencia, sintiéndome como el hombre en el poema «Hermanos», de Gerard Manley Hopkins, cuando su hermano menor actúa en un escenario: «Sus mejillas de lágrimas llenas / de amor profundo y de pena».

Manny se pone de pie frente al pequeño grupo y describe brevemente imágenes de su crianza y de su familia. El padre y la madre estaban metidos en una pandilla y eran adictos a las drogas.

—Huí de casa a los nueve; ya no lo soportaba —dice casi con indiferencia—. Mi mamá se demoró un mes en preguntar: «Oigan… ¿alguien ha visto a Manny?».

—————————

* N del T: Los errores de ortografía son a propósito

Al final, llega a la parte donde habla de su mentor.

—Su nombre era Rafa y vivía al lado de mi casa. Yo tenía como seis años y él era mucho mayor, tal vez dieciséis o diecisiete años. Ya estaba en la preparatoria —explica—. Él sabía lo difícil que era todo en mi casa, así que todos los días pasaba a buscarme y se aseguraba de que fuera a la escuela. Todos los días me rescataba, me daba buenos consejos, ya saben, cosas como: «Aléjate de las pandillas», «No abandones la escuela», «¿Ves a esos tipos ahí? Evítalos», «Mantente de este lado de la calle» o «Nunca vayas a ese callejón». Me dio consejos muy sabios. Una vez me dijo: «Yo me graduaré de la preparatoria y tú también. Voy a ir a la universidad y tú también. Voy a estudiar medicina y voy a ser un doctor. Luego voy a volver y te voy a llevar conmigo. Vas a ser mi hijo».

Manny sufre una desintegración emocional que estaba creciendo lentamente, pero ahora aparece a la vista de todos como el agua de una inundación que empapa una alfombra desde abajo. «Sus mejillas de lágrimas llenas».

—Sí… creo que tenía seis —continúa—. Rafa vino a buscarme como siempre. Mientras caminábamos hacia la escuela y hablábamos, unos tipos, los mismos que él siempre me decía que evitara, comenzaron a gritar desde el otro lado de la calle: «¿De dónde son?» y cosas por el estilo. Rafa los ignoró, agitó su brazo y me dijo: «Sigue caminando». Caminamos cada vez más rápido, pero siguieron preguntando una y otra vez. Rafa les dijo algo como: «No soy de ningún lado». De pronto, uno de ellos está junto a nosotros, parado cerca de Rafa y vuelve a hacer la misma pregunta. En un instante, mi rostro se salpica de sangre y de los pedazos del cerebro de Rafa, todo mi rostro. Rafa está en el suelo… ahogándose. Los tipos se fueron y para cuando alguien vino a ayudar, Rafa ya estaba muerto.

Manny detiene su historia para romper a llorar, sin importarle las cincuenta personas paralizadas frente a él.

—Después de eso —prosigue, decidido a contar la verdad de su historia—, no hablé por un mes. Durante treinta días no pronuncié una sola palabra.

De pronto, toda la audiencia se encontró en un lugar de mucho perdón, por lo que pensaron de Manny a primera vista. El asombro intercambia el lugar con el juicio de forma rápida y ágil, «de amor profundo y de pena».

Ezekiel me cuenta que hoy es su último día en Homeboy. Esto me sorprende y le pregunto por qué.

—Es por el examen de drogas —explica—, no puedo seguir haciéndolo y prefiero ser honesto con usted —hace un cálculo en su mente antes de continuar—. No lo sé, es mucho sufrimiento y creo que estoy acostumbrado a adormecerlo. De todos modos, gracias, G.

William Morris Hunt, un pintor estadounidense que vivió en Paris a finales del siglo XIX, era un hombre depresivo y malhumorado. Odiaba la torre Eiffel. Alguien le preguntó:

—Entonces, ¿por qué pasas tanto tiempo en la torre Eiffel?

Y él respondió:

—Es el único lugar desde donde no la veo.

Los cuates están cargados con muchísimo dolor. Pasan el tiempo en sus barrios porque es el único lugar desde donde no ven su dolor, o también se drogan para no tener que sentir sus heridas.

En recuperación, dicen: «Hay que hacer lo que haga falta» para que las personas con problemas de adicción cambien completamente su vida. Homeboy Industries no es para aquellos que necesitan ayuda, solo para aquellos que la quieren. Un pandillero, después de todo, tiene que cruzar nuestras puertas.

Un cuate que salió en libertad de un reformatorio acaba de regresar a los proyectos, a pasar tiempo en su barrio. Lo confronto.

—Supongo que aún no estoy preparado —dice.

En su voz noto que está más triste que drogado.

—M'ijito —le digo—, no esperes para estar listo. *Decide* que estás listo.

Es más, no se sabe cuál puede ser el acontecimiento, la persona o el momento desencadenante que lleve a un pandillero a cruzar nuestro umbral. Puede ser la muerte de un amigo, el nacimiento de un hijo, un periodo largo en prisión. Hay que hacer lo que haga falta.

Un cuate con un arma camina frente a una iglesia y se detiene por un momento para persignarse. Una señora mayor que vende paletas cerca le pregunta por qué acaba de hacer la señal de la cruz.

—Para protección —dice él.

—Es extraño —responde ella con valentía—, porque con el terror que tú le das a esta comunidad, todos le pedimos a Dios que nos proteja de ti.

Esa conversación fue todo lo que él necesitó para colgar los guantes para siempre.

Jamal vino a Homeboy porque un cuate suyo, Travyon, había sido aprendiz y él le dijo que en HBI lo iban a aceptar tal y como a él lo habían aceptado. Sin embargo, antes de que Jamal llegara, Travyon fue baleado en un pícnic. Jamal luego me dijo:

—Eso solo reforzó mi deseo de cambiar.

Él es el menor de seis hermanos, nació y creció en Indianápolis. Su madre soltera tenía un trabajo y una casa propia, pero pronto perdió ambas cosas. Pasaron ese primer invierno en un refugio y luego, cuando llegó la primavera, se mudaron a Los Ángeles para comenzar de nuevo.

—Las cosas no resultaron como esperábamos.

El dinero comenzó a desaparecer como la niebla de la mañana. La madre de Jamal no podía encontrar trabajo y por eso no dejaban de mudarse por todo Los Ángeles, sus apartamentos eran cada vez más pequeños y cada vez se acercaban más a Skid Row [el barrio bajo de Los Ángeles]. Pronto estuvieron en hoteles y, finalmente, durmiendo en las calles.

—Una mañana —se acordó—, mientras mi mamá empacaba nuestras pocas cosas y la lona que usábamos de refugio, vi un montón de niños esperando su autobús escolar. Yo deseaba con todas mis fuerzas ir con ellos. Mi mamá me dijo que si iba, ella no estaría allí cuando yo regresara. Seguí a ese autobús hasta la escuela pero, aparentemente, no puedes llegar así como así. Necesitas ir con tus padres y que te inscriban, así que me fui. Cuando regresé, mi familia se había ido. Los busqué por todos lados. Deambulé por las calles toda la noche y nunca encontré a mi mamá y a mis hermanos. Esa noche me di cuenta de que estaba solo. Tenía siete años.

Al «sistema» le tomó varios años encontrar a Jamal y, una vez que lo hizo, él comenzó una nueva vida en un hogar temporal. Para cuando alcanzó la edad de preparatoria, lo habían criado distintos padres sustitutos, que eran tan abusivos que lo despertaban a mitad de la noche solo para golpearlo y dejarlo fuera de la casa por horas.

A los trece años se unió a una pandilla y lo expulsaron de cinco escuelas. Estuvo encerrado dos periodos largos antes de cumplir los dieciocho años y regresó a la cárcel nuevamente por siete años. Durante ese tiempo comenzó a replantearse muchas cosas. Comenzó a leer libros y obtuvo su diploma de bachillerato.

Más tarde escribió lo siguiente acerca de su experiencia: «Al final, me di por vencido. Me rendí a la tristeza de todos esos años de descuido y abandono. Me rendí al terror que nunca me había permitido sentir, mientras veía a la gente siendo golpeada, tirada por las ventanas o asesinada en Skid Row. Me di cuenta de que me rendí, no a la tristeza y al miedo, sino a la ira. Aprendí la palabra "esquizofrenia" y entendí el hecho de que mi mamá no me golpeaba a propósito». Hoy, su madre sigue con vida y vive bajo un puente en Los Ángeles. «Espero que un día pueda ayudarla a encontrar su camino a casa».

Un cuate llamado Isidro me escribe desde la cárcel: «Hice una huelga de hambre simbólica. Abandoné algunas señales, como sentir pena por mí, y dejé de alimentarme de eso y de la idea de éxito. Odio que me llamen "una historia exitosa". Eso significa que "era esto" y ahora "soy aquello"».

Lo cierto es que «todo lo que cuenta no se puede contar». Existe una diferencia entre producir resultados y perseguirlos. ¿Cómo podemos medir el éxito no en dólares sino por los cambios? (Robé esta última oración del anuncio de un banco).

Un cuate que trabajaba aquí con nosotros y ahora tiene un gran trabajo en otro lugar apareció de visita un día.

—Ahora estoy en un lugar feliz —dijo orgulloso—. Hoy es mi día libre y estoy aquí. Me encanta cómo se transformó mi vida. Me encanta levantarme y venir aquí. Me siento en casa.

Un niño recién salido de la correccional de menores, a quien conozco desde que era pequeño, me dejó un mensaje de voz: «Hola, G, ya maduré. Ahora solo quiero ser un adicto al trabajo y no quiero que me den leche, quiero la maldita vaca entera».

Aquí honramos al otro y nos alejamos de las críticas. Buscamos abrazar lo que Ignacio llama «devoción», que se expresa principalmente mediante la reverencia. Somos reverentes, entonces, por las cargas que llevan aquellos que son marginados y nos mantenemos presentes ante la bondad sin palabras de Dios en ellos.

Tenía varias presentaciones programadas en Filadelfia y Scranton, Pensilvania, y llevé conmigo a Tyrone y a Earl para que hablaran un poco. Ellos son pandilleros afroamericanos que estuvieron un tiempo en prisión y este es su primer viaje en avión. En el vuelo, busqué por internet restaurantes en Filadelfia y encontré el más antiguo del país, supuestamente. Ben Franklin y Betsy Rose aparentemente habían tenido una cita doble allí. Me volví hacia Tyrone para mostrarle lo que había encontrado.

—¿Podemos pedir crema de avena? —pregunta seriamente.

Toda la aventura es indescriptible para Earl y Tyron. Con mucho entusiasmo filman la habitación del hotel al estilo *Cribs* de MTV, con comentarios y todo. Con cada charla, ganan más confianza y la audiencia los felicita ovacionándolos, lo cual les da un inmenso deleite. Los estudiantes de preparatoria y universitarios conectan con sus historias, que ellos relatan con carisma e intensidad. Después del último evento, lleno de gente, a pesar de que había una tormenta impresionante, Tyrone entra corriendo al asiento del pasajero del auto alquilado y exhala un gran suspiro.

—Es oficial —dice sonriendo—. Somos figuras públicas.

A la mañana siguiente él se sienta en el mismo lugar mientras nos dirigimos al aeropuerto para regresar a casa. Earl, en el asiento trasero, me agradece por estos días y por este viaje inolvidable. Tyrone también agrega su gratitud.

—Fue la mejor experiencia de mi vida —me mira y dice—: hasta supera mi *última* mejor experiencia.

Me da curiosidad y le pido que me cuente más.

—Bueno —explica—, mi última mejor experiencia fue cuando apenas salí de prisión. Mis cuates me prepararon una fiesta de bienvenida en una barbería con *strippers* y barbacoa ilimitada.

Antes de que pudiera sorprenderme, se inclina muy serio y enfatiza:

—Pero esto es aún mejor que las *strippers y toda la barbacoa que puedas comer.*

>——o——<

Topo está sin camisa y sangrando cuando su hermano mayor, Snoopy, y otro amigo de ellos lo suben en el asiento delantero de mi coche. Un gran partido de fútbol americano en Pecan Park entre dos pandillas acaba de terminar, y Topo, muy drogado con PCP, «voló» sobre uno de sus propios cuates. La pelea, que pude ver desde el otro lado del campo, fue una fiesta de puñetazos rápidos que dejaron a Topo en el suelo y sorprendido a segundos de empezar. Aun así, no se quería ir y por eso lo arrastraban con los brazos sobre los hombros de su hermano y su ayudante hacia mi auto estacionado.

—No le faltes al respeto a G —lo amonestan varias veces los dos mientras Topo suelta toda clase de groserías. Se pone más insoportable y reacio con cada paso que da.

—¿Puede llevarlo a casa por mí, G?, ¿sí? —pregunta Snoopy después de meter a Topo sin cooperación en mi auto. En la voz de Snoopy noto cierto dolor mientras abrocha el cinturón de seguridad alrededor de su hermano menor.

Llevo rápidamente a Topo hacia la ciudad de Commerce, donde vive. Al principio, cabecea medio dormido, pero pone atención cuando tomamos la autopista. Su torso descubierto está marcado con pequeños chorros de sangre, hierba y manchas de lodo, y los tatuajes que están en sus lugares habituales. Huele a PCP, a fijador de cabello Tres Flores y a cigarros, sus pantalones Dickies, recortados y de una talla mayor, aún tienen la fragancia del detergente Ariel para ropa.

—Voy a matarlo, G —dice Topo acerca del vato con el que peleó—. Voy a hacerlo humo —hace un gesto de arma con su mano derecha y le dispara a su enemigo invisible. Repite esta frase y ensalza su discurso con las palabras: «fraude», «falso» y «traidor». Su enojo continúa hasta que llegamos a su casa. Estaciono el auto, pero Topo no quiere moverse.

—Dejé mis huaraches en el parque —dice—. Tengo que volver por ellos.

Le digo que los voy a recuperar, pero que él necesita ir a casa y descansar.

—Mi jefita me dio esos huaraches. Significan mucho para mí. Necesito volver a buscarlos. Además, usted ni siquiera sabe dónde están.

Le digo que lo llevaré de dos maneras, como dice un viejo amigo jesuita: «De ninguna manera» y «De ninguna maldita manera».

—Mira mijo —le digo—, no voy a llevarte otra vez allí. Ya estamos aquí. Entra a tu casa y yo buscaré tus huaraches.

Topo intenta convencerme nuevamente, pero luego de varios intentos, se da cuenta de que no voy a moverme.

—Está bien —dice—, me subiré a mi bicicleta, tomaré mi *cuete* y regresaré al barrio yo mismo. Tal vez le dispare a algunos tontos y a algunos policías hasta que uno de ellos me haga humo.

Pero no se mueve. Permanecemos sentados en el auto por media hora, con el motor en marcha, repitiendo esta locura varias veces.

—No voy a regresar a los proyectos —le digo una y otra vez— y tampoco quiero que me faltes al respeto y vuelvas por tu cuenta.

Comienzo a repetir la parte de la falta de respeto, esperando que lo entienda. Su respuesta es:

—Oh, bueno.

Pronto llega Snoopy con su mujer, que está embarazada de ocho meses, y otros cuates grandotes. Camina solo hacia mi lado del auto. Él también está con el torso descubierto, sucio y sudado por el partido de fútbol. Los otros se quedan detrás mientras

Snoopy inclina sus brazos cruzados en la puerta del conductor. Coloco mi mano sobre su hombro y le pido su ayuda.

—Tu carnal, mijo —le digo sacudiendo la cabeza—, está diciendo tonterías y no quiere bajarse del auto. Necesito tu ayudita por aquí.

Snoopy no quita los ojos de su hermano y lo mira fijo incluso después de que termino de hablar. Las palabras que elige decirle a Topo son lentas y deliberadas, quebrándose antes de partir.

—Por favor... deja... de... fumar... esa... basura.

Luego Snoopy se echa a llorar con angustia. Apoya la cabeza en sus brazos cruzados y su cuerpo tiembla en síncopa con su llanto. Sus cuates se alejan a una distancia prudencial de esta escena incómoda. Su mujer se queda en su lugar, acariciando su panza con un ritmo suave, como si Snoopy estuviese dentro.

No pasaron más de dos segundos antes de que Topo se fundiera en sus propios brazos cruzados y llorara, en el mismo idioma de su hermano. No hay nada que hacer, por supuesto, más que tomar a cada uno por la nuca tatuada y ser el que alivie este dolor inmenso. Todo su dolor y su gran sentido de pérdida y abandono fluyen por mi cuerpo, del uno al otro. En el movimiento, tal vez, el dolor se hunde y se disipa. En su lamento y todas sus lágrimas, se hablan entre sí con un código privado, hermanos sin padres, su propio idioma de la desesperanza, la traición y la soledad más profunda.

Sin mucha algarabía, Topo baja de mi auto y sin hablar Snoopy se une a él del otro lado. Al parecer, los tan queridos huaraches ya fueron recuperados y todo está bien para estos dos chicos que han tenido que criarse solos y ahora deben convertirse en hombres, abrazados y juntos en esto.

Y así es como ellos me despiden: abrazándose, con espíritus medio rotos que se completan en el abrazo del otro. Solo Snoopy gira la cabeza hacia mí mientras se acercan a la casa y articula un «gracias» con sus labios. Regreso a los proyectos, impregnado de esta mezcla de gracia privilegiada y temor tangible. Pienso en lo cercanos que son estos dos para la mirada tierna de Dios.

«Este puede ser el momento en que nos derrumbemos o nos sintamos completos».

Capítulo cuatro
Aquí. Ahora. Esto.

Si le preguntas a un cuate por teléfono «¿Qué haces?», siempre comienza diciendo: «Aquí nomás». «Aquí nomás, lavándome la cara, aún tengo jabón en ella», puede decir un cuate. «Aquí nomás, mirando a Jerry Springer». «Aquí nomás, dibujando a Winnie the Pooh para mi hija». «Aquí nomás, mirando a mi hijo». Jesús insistió en que somos salvos en este momento. Aquí nomás. Por eso debemos elegir vivir el momento. Debemos encontrar formas de establecernos aquí y ahora. Buda enseña que la vida solo está disponible aquí y ahora. Jesús enseña algo similar. Esperamos la felicidad, la salud, la transformación, pero siempre esperamos alcanzar algunas condiciones más. Este es uno de los motivos por el que la felicidad se nos escapa en el ahora: siempre pensamos que está a la vuelta de la esquina.

Si tu ancla no está centrada en el hoy, vas a parpadear y vas a perderte el placer de este preciso momento que siempre está con nosotros y es el maestro perfecto. Una vez, mientras caminaba desde mi comunidad jesuita a las antiguas oficinas de Homeboy, vi a Pepe, un niño de diez años al que conocía, con una bolsa de plástico llena de agua que tenía un pez dorado dentro. Allí estaba, levantando la bolsa en alto como si fuese una antorcha olímpica.

—¿Qué tienes allí, Peps? —le grité.

Su forma de hablar no lo ayudaba, las *c*, las *z* y las *s* salían del procesador de su cerebro y aparecían en su boca de manera deforme.

—¡Pezezitoz! —gritó, las últimas letras salían con una ola de silbidos y baba. Si no hubiese estado al otro lado de la calle, hubiese necesitado una toalla para secarme. Sin embargo, Pepe levanta la bolsa como si hubiese encendido el pebetero en un estadio, tan alto y tan feliz que casi lloro por dentro disfrutando del «ahora».

El descubrimiento que nos espera es que el paraíso se encuentra en el aquí y ahora. Debemos despojarnos del deseo de esperar algo más allá de eso. Ser conscientes de eso nos evita el sufrimiento que genera el hecho de resistirse a la vida que tenemos. Esta capacidad de enfocarnos en el presente es lo que hoy algunos llamarían «conciencia plena», una especie de atención que puede ayudarnos a enriquecernos de las cosas que son importantes para Dios. Según un estudio reciente, la gente que practica la conciencia plena también suele tener menos grasa corporal. Todavía estoy esperando ese resultado.

Una homilía que suelo dar en centros de detención (y que la incluí en *Tatuajes en el corazón*) es una reflexión de la escena en la que Jesús está en la cruz entre dos ladrones y le promete a uno de ellos: «Este día estarás conmigo en el paraíso». Hay un aprendiz de diecisiete años que acaba de salir de una correccional de libertad condicional. Su nombre es Fabián, y ya tiene las preocupaciones de un adulto. Como tiene una mujer y un hijo pequeño, elige mantenerse ocupado todos los días y alejado de sus actividades pasadas en las pandillas. Él recuerda esta homilía y un día me la menciona, casi literal.

Luego de estar unos meses en Homeboy, Fabián se acerca y entra de golpe a mi oficina diciéndome que ha tenido una «visión del paraíso». (Luego lo anoté en mi teléfono para distinguirlo con el nombre: «Fabián Paraíso».)

—Ayer —comenzó—, Dios me llevó en un viaje al paraíso.

—¡Guau! —le dije—. Soy todo oídos. Me impresionaste con el «me llevó».

—Bueno, llevé a mi mujer a la escuela en mi pedazo de chatarra para que entregara una tarea. Discutimos todo el tiempo, por cosas tontas, pero no paramos, fue todo el tiempo. Ella se baja, deja lo que tenía que dejar, regresa al auto y peleamos todo el camino de regreso a casa. Constantemente. Sin parar. Como perro y gato. Por cosas tontas, sin importancia. Luego, escucho un sonido que viene del vecindario y comienzo a ver humo. Salgo de la autopista y estaciono en una gasolinera Shell. Mi chatarra se muere mientras estaciono, tuve que empujarla el resto del camino. Llamé a la grúa y tardó tres horas en venir a remolcarme —hace una pausa en su historia para sonreír recordando con ternura—. Paraíso —dice simplemente y asiente.

Aquí me despista.

—Verás, G, durante esas tres horas pudimos hablar. Decidimos no pelear. Nos dijimos lo agradecidos que estábamos de tenernos en nuestras vidas. Es decir, maldición, ¿dónde estaríamos si no nos tuviéramos el uno al otro? Solo hablamos.

La sonrisa se hace más grande y se instala en su rostro.

–Sí, el paraíso —dice.

El paraíso no es un lugar que espera nuestra llegada, sino un estado al que nosotros llegamos. Un lugar, de hecho, en el que ya estamos. Cuando esperamos ese momento, creemos con más seguridad que alguien nos «llevará en un viaje» para verlo. ¿Cuántas oportunidades al día tenemos de reconocer la presencia sagrada? Precisamente, está justo delante de nosotros. Nos perdemos mucho del «ahora» por apresurarnos a lo «futuro».

Estoy caminando con dos cuates muy deprisa y dejándolos atrás.

—¿Cómo es que tienen cuarenta años menos que yo y caminan tan lento? —pregunto.

Los dos se encogen de hombros.

—Es que no estamos apurados —dice uno.

Jim Carrey, el comediante y actor, descubrió Homeboy Industries al ver el documental *G-Dog* en Netflix. (Pensó que era un documental sobre perros). Al poco tiempo, vino a visitar nuestro lugar. Fue muy comedido y muy gracioso, reconocía a los que más necesitaban su atención y se acercaba a ellos de inmediato.

—Eres un personaje, como yo —dijo señalando a Marcos, quien estaba cubierto de tatuajes. Le dijo lo mismo a Lola mientras le daba un beso en la frente. Posó para infinitos selfis y fotos en grupo. Los niños lo paraban durante el recorrido para pedirle que hiciera la mueca de *La máscara* y Carrey los complacía. No rechazó ninguna solicitud y ninguna le resultó una molestia. Yo había estado nervioso y me preocupaba que los cuates fueran demasiado fanáticos de las payasadas. De pronto me di cuenta de que estaba siendo bíblico, y no de una buena manera. Estaba siendo como Marta.

En este pasaje del Nuevo Testamento, Marta toma toda la responsabilidad de ser la anfitriona de Jesús en su hogar y luego se queja de que está haciendo todo sola. Por otro lado, su hermana María está sentada a los pies del rabí, escuchándolo mientras enseña. Jesús elogia a María. ¿Qué es lo que ella está haciendo que a Jesús le agrada tanto? María (así como Jim Carrey) ha hecho lo más importante: abrazar la presencia perfecta del momento que tenemos frente a nosotros.

Cuando enseñé en la Preparatoria Loyola, en Los Ángeles, a finales de los años setenta, después de la misa matutina del domingo tomaba una taza de café, me sentaba en la sala de estar del segundo piso y leía el periódico *The L. A. Times*. En paz, tranquilo y feliz, no había nada mejor que eso. Un domingo, estaba sentado con mi amigo y hermano jesuita, Al Naucke. Ambos teníamos nuestro café y estábamos en silencio pasando las páginas del periódico cuando sonó el timbre varias veces. Al principio, Al y yo nos escondimos detrás del periódico esperando. No era común que sonara el timbre, pero cuando sucedía, casi siempre era alguna persona sin hogar. Finalmente, Al, que es mucho mejor persona, dejó con tranquilidad el periódico, pero no tenía un gesto de molestia (aunque, ¿quién podría culparlo?).

Regresó unos diez minutos después, se sentó, tomó un sorbo de café y continuó su lectura. Luego de un momento le pregunté, sin dejar el periódico:

—¿Y bien?

—¿Y bien, qué? —respondió Al, tampoco sin dejar su periódico.

—¿Quién era?

Desde atrás de la sección de deportes dijo:

—Jesús, en su forma menos reconocible.

En el evangelio de Juan, María Magdalena entra en pánico la mañana de Pascua frente a la tumba vacía. Llorando, se dirige al hombre que cree que es el jardinero: «Se han llevado a mi Señor y no sé dónde lo han puesto». Pero esta es la cuestión: María no sabe que el jardinero es Jesús en su forma menos reconocible. Así también sucede con el pandillero, la madre que recibe prestaciones sociales, el adicto a la heroína, el carnicero, el panadero y el candelero. El sacramento de la presencia sagrada es ser Jesús y ver a Jesús. Todo está frente a nosotros, aquí y ahora.

En la liturgia en español durante las Pascuas hay una oración de apertura que recuerda la resurrección de Jesús y luego habla de lo que nos sucede después de la muerte. Sin embargo, en la oración no hay nada que hable del ahora. Pema Chödrön nos invita a «anclarnos al momento presente». Sin duda, si vivimos en el pasado, nos deprimiremos. Si vivimos en el futuro, tenemos garantizada la ansiedad. El ahora siempre es amplio y nuevo. Como en cualquier práctica, no se trata de una técnica o un programa, sino de una decisión.

Le pregunté a Gabriel por qué llegó tarde.

—Tengo un jabón nuevo que huele muy bien, perdí la noción del tiempo —dijo—. Además, mis hijos se metieron en la bañera —eso es estar anclado al momento presente. El «mundo real» puede hacer excepciones, pero se puede aprender mucho.

Los cuates siempre hablan de «hacer tiempo» para referirse a algo llamado tiempo «muerto», que es el periodo de semanas, meses o años que no cuentan con respecto a la sentencia total en prisión. Es la melancolía antes de poner en marcha el reloj, sin embargo, no existe algo así como tiempo «muerto», no existe un momento que no cuente. Todo el tiempo está vivo, no pasa ni un segundo que no nos permita madurar para vivir la vida con alegría, flexibilidad y un corazón abierto. Cada momento es una oportunidad de despertar y oler el nuevo jabón.

Cada año en la parroquia Misión Dolores un grupo distinto (ya sean los niños de quinto grado de la escuela Misión Dolores o los indigentes que duermen en la iglesia) recrean los encuentros de Juan Diego con la virgen de Guadalupe en la misa del día festivo. Generalmente, los sacerdotes que presidimos observamos el desarrollo de la historia desde nuestros asientos detrás del altar, lo que nos da la ventaja agregada de ver los rostros de la gente mientras avanza la narración. Cuando el sobrino de Juan Diego, Juan Bernardino, sana de su enfermedad, es inevitable que alguna mujer de la congregación le diga efusivamente a la señora de al lado: «Se alivió». Cuando caen las rosas de la tilma de Juan Diego, la gente se sorprende como si no lo vieran venir.

No son estúpidos, ya conocen esta historia de memoria, mejor que la mayoría. Saben cómo termina, solo que eligen verla de forma diferente. Este es un gran ejemplo del concepto zen budista de la «mente de principiante». La gente de la Misión Dolores ya conoce muy bien este relato simbólico; sin embargo, pueden mantenerse en la historia en ese momento y esto crea una gran novedad. Son capaces de verlo por primera vez cada vez que lo ven.

—Deséame suerte —dice Mikey, un pandillero de dieciséis años que es chaparrito, asomando su cabeza en mi oficina —. Voy a ir a ver a mi oficial de libertad condicional. Creo que hoy me liberan por completo.

Por la tarde, regresa y de inmediato se sienta en una de las sillas de mi oficina. Lo veo muy desalentado.

—¿Sabes qué, G? Mi oficial es una parte privada.

Aparentemente quiere ahorrarse una grosería.

—¿Por qué? —le pregunto—. ¿Qué te ha dicho?

—Me dijo que soy un perdedor y que nunca llegaré a ser nada.

—¿Eso dijo? —le respondo—. ¿Y tú qué le dijiste?

—Le dije: «Tu mamá es una cocainómana».

—Bien, eso debe haberlo convencido de quitarte la libertad condicional.

La belleza y la sabiduría de la mente de un principiante es que nunca sabes cómo reaccionará, ni frente a la historia de Guadalupe ni frente a un oficial que crea tener a un pandillero agarrado con pinzas. Mantenerse anclado en el aquí y ahora nos libra de tener el futuro resuelto, para mejor o para peor. Además, lo que dicen es cierto: «El futuro no es lo que solía ser».

Abraham está en su tercer intento en Homeboy. Durante sus primeros dos intentos, era conocido como el tipo que no se llevaba bien con los demás. Sus arrebatos eran violentos y llenos de ira y se desencadenaban cuando aparecía la más mínima arruga en su día. No manejaba muy bien sus traspiés. Debido a su desempeño anterior, en Homeboy muchos creían saber cómo terminaría este nuevo intento. Pero un día, horas después de que terminara nuestro pícnic familiar de Homeboy, Abraham me envió un mensaje de texto que decía: «Disfruté mucho hoy, fue un día muy agradable».

Lloré mientras lo leía. Abraham había presenciado una comunión innegable esa tarde en nuestro encuentro y eligió la posibilidad y la grandeza del cariño del hoy. Hoy es el día de la salvación.

Llevé a dos primos, Michael y Mario, a comprar ropa nueva. Ambos son pandilleros recién liberados de centros de detención. Vamos a JCPenney en Huntington Park y, una vez que entramos, les digo que tienen doscientos dólares para gastar cada uno. Les advierto que vayan teniendo en mente cuánto cuesta cada cosa, para no salirse del presupuesto. Cuando les digo que vayan a comprar, se quedan dudando.

—¿No va a venir con nosotros? —pregunta Mario.

—Eso, G —agrega Michael—, estamos acostumbrados a que nos supervisen.

Así que camino y compro con ellos, parando de vez en cuando para «supervisar».

Muy pronto, sus brazos se llenan de mercadería. Nos acercamos a las cajas y nos ponemos en la larga fila para esperar a pagar. De pronto, a Mario le sucede algo.

—Necesito un cinturón —dice.

Le indico que se apure señalándole el área de cinturones cercana y él arroja la mercadería en mis brazos. Un empleado abre otra línea de cajas y la gente comienza a moverse. Parado a cierta distancia de nosotros, Mario se coloca cinturones para medírselos. Mientras Michael y yo nos acercamos a la caja registradora, Mario continúa indeciso con los cinturones. Mi cara le dice: Apúrate, cabrón.

—No lo sé —dice en voz alta con un cinturón suelto alrededor de él—. ¿Qué opina?

Estoy a punto de decirle lo que pienso cuando de repente su primo, en un lenguaje perfecto y elegante, le dice:

—¡Te ves resplandeciente!

Volteo hacia Michael y mi expresión parece decir: «¿Resplandeciente?». Todos en la fila tienen la misma expresión que yo y los dos cajeros no pueden evitarlo: «¿¿¿RESPLANDECIENTE???». Michael se da cuenta y mira hacia todos lados.

—No sé, lo escuché una vez en televisión.

El profeta Baruc nos dice: «Dios mostrará tu resplandor a todo lo que existe bajo el cielo». Pero ¿estaremos tan atentos como para notarlo? «Levántate y resplandece».

Una vez, en Homeboy nos dieron un puñado de entradas para la proyección de una película en Walt Disney Studios, en Burbank. Llevé a tres cuates conmigo, unos jóvenes que necesitaban salir a algún lado o, de lo contrario, estarían merodeando por los suburbios. Uno de ellos, Artie, era como un sabelotodo, siempre tenía lista una respuesta. En el camino, a uno del grupo le dio curiosidad por saber el trasfondo étnico de un cuate de la oficina.

—¿De qué raza es? —preguntó.

—Católico —le responde Artie.

Luego el tema central fue «lo más extraño que hayas comido». Todos aportaron su colaboración: mi respuesta fue serpiente de cascabel y cocodrilo.

Artie dijo con rapidez:

—¿Sabía que los dos son afrodisíacos?

—¿De veras? —le pregunto con la intención de llevarlo al límite—. ¿Por qué no nos explicas a todos lo que es un afrodisíaco?

Al igual que yo en cada examen oral que he presentado, Artie improvisó con confianza y explicó:

—Bueno, es un disíaco… con un maldito afro —los chicos del asiento trasero asienten con la cabeza. Todos los días se aprende algo nuevo.

Llegamos al estudio. Mientras entrábamos, vimos las estatuas de los siete enanitos que simulaban sostener el techo de la fachada de uno de los edificios y un guardia se acercó para guiarnos al teatro.

—Ahora están en Mickey —dijo—, sigan dos cuadras y giren a la izquierda en Goofy.

Siento que la mayor parte de mi vida he estado «girando en Goofy».[6] Los cuates disfrutaron todo a medida que nos acercábamos a la proyección.

—Oigan, al final, ¿qué fue lo que le pasó a ese tipo Walt Disney? —preguntó uno.

—Está muerto —dijo Artie—, pero escuché que congelaron su trasero, ya sabes, hasta encontrar la cura para la gente muerta.

Estamos llamados a estar atentos al aquí y ahora. Debemos intentar descubrir la importancia y maravillarnos con todas las cosas que damos por sentado a diario. Es lo mejor que podemos hacer, hasta que encuentren la cura para la gente muerta.

Marquis tiene poco más de veinte años. Es un afroamericano atlético y en forma que ha pasado parte de su infancia y toda su adolescencia tras las rejas. Los últimos cinco años, antes de entrar

---

[6] En inglés significa «torpe». [*Nota de la traductora.*]

en Homeboy, los pasó en una correccional en California que le puso «REINCIDENTE» con tinta permanente. Marquis evidentemente traía esa frialdad cuando comenzó con nosotros, era un ejemplo del sentimiento que una vez leí en una carta de recomendación falsa: «Trabaja bien cuando está bajo supervisión constante y arrinconado como una rata en una trampa». Aunque para él las cosas mejoraron. Como la mayoría de los que cruzan nuestras puertas, Marquis encontró cariño en cada rincón, lo cual le hizo a recordar su infancia enajenada. De vez en cuando, en este pandillero sumamente duro aparecía el optimismo.

Una vez estaba leyendo algo atentamente en mi escritorio cuando levanté la mirada y lo vi en su uniforme blanco de la panadería. La camisa tenía grandes manchas de chocolate. Antes de que pudiera decir algo, agitó las manos exageradamente y exclamó:

—¡*Voilà!*

Nunca he escuchado algo más incoherente que un pandillero pueda decir al entrar a una habitación que «¡Voilà!» Hasta el día de hoy, así es como Marquis y yo siempre nos saludamos. Su propio ser y expresión de este mundo parece avivar lo que Walt Whitman escribió: «Soy más grande y mejor de lo que pensé / No sabía que tenía tanta bondad».

Voilà.

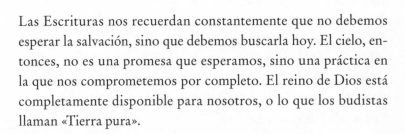

Las Escrituras nos recuerdan constantemente que no debemos esperar la salvación, sino que debemos buscarla hoy. El cielo, entonces, no es una promesa que esperamos, sino una práctica en la que nos comprometemos por completo. El reino de Dios está completamente disponible para nosotros, o lo que los budistas llaman «Tierra pura».

Fuera de una capilla de cementerio, mientras esperábamos en silencio que pusieran un ataúd en el coche fúnebre, veo muy inquieta a una niña de tres o cuatro años frente a mí. Para tranquilizarla, su mamá toma una pera hermosa y madura de una bolsa grande y se la da a su hija. La niña gira la pera y observa cada parte de ella, por arriba y por abajo. Mira la pera bajo la luz de la mañana y luego le pregunta en silencio a su papá:

—¿Cómo se abre?

Buena pregunta. ¿Cómo abrimos la mente y el corazón a una nueva forma de pensar? ¿Cómo abrimos un camino hacia una vida transformada? ¿Cómo podemos abrir los ojos? No hace falta haber estado allí para imaginar cuál fue la respuesta del padre: «Dale un mordisco».

Sí... mira antes de saltar... pero salta. Richard Rohr tenía razón: «No debemos pensar en una nueva forma de vivir. Debemos vivir en una nueva forma de pensar». ¿Cómo puedo abrirme a vivir con plenitud y recuperarme sin medicamentos, a encontrar mi propia luz caminando en mi propia oscuridad, a amar a mis hijos más de lo que odio a mis enemigos? Dale un mordisco, incluso aunque no sepas exactamente cómo se abre. Salta y la red va a aparecer.

Nos encontramos atentos a momentos de amplitud y calma, cuando nuestros corazones pueden volver a restaurar esa belleza, esa inocencia y esa plenitud. Luego podemos oír lo que el sufismo llama «la voz del Amado».

Nuestra gente del servicio de empleo pudo conseguirle a Álvaro, después de haber estado dieciocho meses con nosotros, un trabajo de transportista general en una empresa de tejido. Luego de varias semanas en ese trabajo, ve que el sistema de gestión que utiliza la empresa para los envíos es uno que ya conoce de un empleo anterior y se lo dice a su jefe. Cuando le preguntan dónde lo aprendió, suspira y responde con indecisión:

—¿Cuándo estuve preso?

Su jefe le pide que le muestre lo que sabe y Álvaro utiliza el sistema con facilidad. Dos días después, el jefe le entrega un sobre, que él piensa que seguro son los documentos de su despido, pero en lugar de eso es la noticia de un aumento de $5.75 la hora, efectivo inmediatamente.

En el evangelio de Marcos, Jesús sana a un hombre sordo. Él dice a sus oídos: «Ábranse» y las cosas que antes habían hecho retroceder a este hombre, la incapacidad para escuchar y hablar, se le quitan. Debemos identificar esas cosas que cierran nuestro corazón, como la avaricia, la ira, el temor y el orgullo, y, en lugar de sembrar eso, debemos dirigirnos al mundo con un corazón tierno. Debemos estar abiertos para encontrar la capacidad de sentir angustia o dolor sin tener que controlarlo o cambiarlo.

Acabo de terminar una misa en la Correccional de Menores de Whittier y voy hacia mi coche que está en el estacionamiento. En la oscuridad de la noche, escucho a un cuate gritar desde su ventana enrejada:

—¡Conduzca con cuidado, G!

Estoy seguro de que ese niño desconocido redescubrió el poder del corazón tierno, en esta extensión de sí mismo. Thich Nhat Hanh dice: «La felicidad solo viene de la bondad y la compasión». No tengo duda de que ese niño se liberó de los barrotes de esa ventana y descansó en esa felicidad.

>———◦———<

Homeboy recibe a las personas, no las rescata. Al ser recibidos, en lugar de rescatados, los pandilleros llegan a sentirse en casa tal cual son. El mensaje de Homeboy no es «algún día estarás a la altura»; es: «quien eres, es suficiente». Y cuando tienes suficiente, no necesitas más. Para lograrlo, siempre estamos poniendo atención y somos obedientes a esto. La palabra *obedecer* tiene su origen en «escuchar». Es difícil escuchar de verdad y con profundidad. Cuando un cuate se sienta frente a mi escritorio, en mi cabeza repito continuamente el mantra «Sigue escuchando». Otro que también es útil es «Aquí. Ahora. Esto». Escucha aquí, ahora y solo a esta persona.

Antes de entrar en nuestro programa de dieciocho meses e incluso después de ser aceptados, los cuates pasan un examen de drogas. Para embarcarse en «el buen viaje» es necesario confrontar los obstáculos emocionales inevitables que hay en el camino. Siempre es un proceso doloroso y no queremos que se adormezcan automedicándose. Una vez que dejan el odio hacia los enemigos de su pandilla, que es el punto de inicio de todos los cuates, deben lidiar con su propio dolor.

—Estoy en una horquilla de mi vida —me dice un candidato al programa. (Lo bueno es que hablo su dialecto, por eso entiendo lo que quiere decir.)—. He decidido ser determinado.

Le pregunto si está limpio de drogas.

—Todo lo que tengo en mi sistema es esperanza —dice—. Ese resultado me dará positivo.

La esperanza que encuentran aquí es como el génesis de un camino en el campo. Al principio no hay nada más que hierbas altas, pero a medida que cientos y cientos caminan por esos pastos, aparece un camino que otros pueden seguir. Si el amor es la respuesta, entonces la comunidad es el contexto y el cariño es la metodología. De otro modo, el amor solo estaría en la mente o, peor, volaría sobre ella o se quedaría solo en el corazón, que nunca es suficiente. Si el amor no se convierte en ternura, que es el tejido conectivo del amor, nunca llega a ser transformador. La ternura no sucede mañana… solo sucede ahora.

El otro día, un aprendiz me dijo:

—Nunca en mi vida me sentí tan rodeado de amor, hasta ahora… hasta que llegué aquí.

No hay nada más esencial, vital e importante que poner al amor y a su portador, la ternura, en acción en el momento presente. Al tener esto en el ahora, recordamos elegir conectarnos, en lugar de alienarnos, y hermanarnos, en lugar de ensimismarnos.

Solo necesitamos hoy enfrentar el mundo con un corazón lleno de amor para determinar lo que encontremos. Un corazón lleno de amor no colorea el mundo como si fuesen lentes color de rosa, pero sí lo altera. William James escribió: «La mayor revolución de nuestra generación es el descubrimiento de que los seres humanos, al cambiar actitudes internas de su mente, pueden cambiar los aspectos externos de su vida».

Daja, mi mensajero del día, entra para decirme que alguien vino a verme. Él tiene un afro salvaje y un alma dulce (todo lo contrario al que acaba de salir de mi oficina, que no era tan dulce que digamos, un cuate muy agresivo y filoso).

—Dios, Daja, ¿por qué no hay más gente como tú? —le pregunto mientras voltea a ver a la próxima visita.

Se ríe:

—Y aquí estoy yo, intentando ser más como la «gente».

Sin importar quién sea —Mike Wallace, Tom Brokaw o Dr. Phill— siempre hay un momento durante la entrevista cuando dan su contragolpe periodístico contundente para mostrar a los televidentes que su segmento no solo se trata de una total admiración. Generalmente, lanzan alguna crítica que han oído en conversaciones con opositores; en mi caso, suelen ser los policías. Estoy en mi oficina con Anderson Cooper y él afirma:

—La policía dice que eres muy ingenuo, que los pandilleros se aprovechan de ti.

Siempre tengo la misma respuesta preparada:

—¿Cómo alguien podría aprovecharse de mí cuando soy yo el que le doy esa ventaja?

Años más tarde, en otra entrevista con Cooper, esta vez sentados en nuestra panadería recién inaugurada, me dice que recuerda mi respuesta y la utiliza de vez en cuando con sus amigos. Le agradezco y le pido las regalías. Tenemos mucho miedo de que nos engañen; sin embargo, gran parte de ese sentimiento viene por no reconocer nuestras propias heridas.

Una vez, en una reunión del Consejo de Homeboy, la reunión que tenemos todos los días con el equipo superior de cuates para hablar sobre los aprendices, se dice que un chico se ha estado portando mal. El equipo está evaluando lo que han observado de él y uno dice muy seguro:

—¿Saben cuál es su problema? Piensa que su basura no apesta.

Pero otro dice:

—No... todo lo que huele ES apestoso.

Si no aceptamos nuestras propias heridas, nos volvemos arrogantes en nuestra propia astucia y el miedo de que alguien se aproveche de nosotros nos lleva a despreciar a los heridos.

Pero si las heridas de uno están al alcance de la mano, eso nos permite entender con compasión y hace que podamos ser bondadosos en este preciso momento. Hugo de San Víctor escribe: «El amor está en los ojos». Está en nuestro lente y en nuestra forma de ver, es la respuesta y la solución a nuestra miopía en esos días en que no podemos ver bien. No hay nada mejor que el amor en una palabra tierna, un gesto, una actitud y una presencia para calmar un arrebato de violencia, el odio o la indiferencia hacia aquellos que sufren. La forma de hacerlo posible solo es en este preciso momento. Como el suave balanceo calma los cólicos de un bebé, así también el amor y la bondad hacen su efecto.

Largo ha obtenido trabajo como «coordinador social» en un hogar de ancianos. Está en mi oficina por la noche con otros cuates y le pregunto cómo le está yendo.

—Lo odio —me dice—. Diablos, G, los viejos son molestos. Siempre caminan despacio —se pone de pie y lo demuestra—. Tú estás detrás de ellos y dices por dentro: «Vamooos. Vamooos». Y siempre se les caen los dientes, es desagradable. Y, además, siempre hacen trampa en el bingo —los cuates se echan a reír—. Siempre gritan: «¡Bingo! ¡Bingo!» y yo tengo que ir y decirles: «No, no tienes bingo». De hecho, así suena cuando se le caen sus dientes: *bing-Oh* —hace una gran representación y todos están muertos de risa.

Aunque más tarde, cuando solo quedamos nosotros dos, la ternura de Largo entra en escena.

—En realidad, G, me encantan los viejos. No sé dónde estaría sin ellos. Tengo muchas ganas de ir todos los días.

La bondad apacigua nuestro ensimismamiento, los momentos de ira y la distancia que ponemos entre nosotros y los quebrantados. Funciona siempre.

Una vez presidí el funeral de dos hermanos, Miguel y César, ambos baleados cerca de su casa. Los dos ataúdes que estaban juntos en la iglesia eran símbolo de una tristeza que no puedo describir. El dolor era tangible, como entrar a una sala de calderas al máximo, solo puedes permanecer dentro por poco tiempo hasta que el calor te obliga a salir corriendo, sudado y casi sin aire.

Llovió antes y durante el servicio y no era solo una llovizna: llovía torrencialmente, con vientos huracanados, como si se acabara el mundo. Luego de comulgar, el padre de los niños se puso de pie para hablar e hizo un gesto hacia el techo. El ruido de la lluvia golpeaba tan fuerte sobre el techo que casi no podíamos oírlo.

—Los cielos están llorando —logró decir.

Luego señaló hacia los dos ataúdes que estaban al lado, como las camas de la habitación que compartían. Hizo una pausa y continuó:

—No pierdan ni un día, no dejen pasar un día sin prestarle atención a sus hijos. No pierdan tiempo diciendo: «Aquí mando yo». Nuestros hijos son un préstamo. Ellos pertenecen a Dios y regresan a Dios. No desperdicien ni un día sin demostrarles su amor.

Hubo una procesión de veinte millas [32 kilómetros] desde la iglesia hasta el cementerio. La lluvia no cesaba, era una de esas lluvias que desafía hasta a los limpiaparabrisas a toda velocidad. Apenas llegamos al cementerio, la lluvia se detuvo. Después de cinco horas de aporreo constante, de pronto cesó; es más, el sol no solo se asomó, hizo a todas las nubes a un lado y calentó la tierra. Mientras nos reíamos y nos abrazábamos en el cementerio, el sol nos recordó que el único antídoto para nuestra miseria es vivir en el presente. Este presente es eterno y la única eternidad que importa es ahora. Mary Oliver escribe: «Esto es lo primero que sé, lo más salvaje y lo más sabio: el alma existe y se construye completamente con la atención». El dolor de un padre y un sol cálido y sorpresivo nos recuerdan que, de hecho, prestar atención al momento nos lleva a tener una vida conmovedora.

Llevé de viaje a Shameeka y Abby para dar una charla en San Francisco. Ellas son unas ex pandilleras grandotas y tatuadas que han estado en prisión. No quisieras meterte con estas dos, saben cómo defenderse. En el aeropuerto, mientras termino de hablar con la mujer de la empresa de alquiler de autos Enterprise, Shameeka y

Abby están paradas a cierta distancia, con sus suéteres grandes adornados con el logo de Homeboy. Yo tengo puesta una camisa abotonada con el mismo logo bordado.

—¿Puedo hacerle una pregunta? —me dice la empleada. Yo asiento—. ¿Qué es Homeboy Industries?

Le explico que es el programa más grande del mundo de intervención, rehabilitación y reinserción de pandilleros.

—Y estas dos damas —le digo señalando a Shameeka y Abby— van a ayudarme a dar una conferencia para mil jueces en San Francisco.

—Asombroso. ¿Quiere que las anote como conductoras adicionales? —pregunta luego muy animada.

—¿Está loca? —digo seriamente, pero todos los que me escuchan, hasta las chicas, se ríen.

Mientras nos acercamos al auto, las chicas se quedan detrás y oigo que Shameeka le dice por lo bajo a la empleada:

—Gracias por intentarlo.

Antes de mi presentación a los jueces al día siguiente, damos un taller a un grupo de ellos. Simplemente presento a Shameeka y Abby, que se quedan en el centro del escenario. Ellas cuentan sus historias y por momentos se detienen a llorar a medida que cuentan el horror que vivieron: tortura, abuso, abandono y violencia. Ambas hablan de sus adicciones, del dolor particular de haber dado a luz en medio de la adicción y de cómo les quitaron a sus hijos para que los criaran extraños. Los jueces están cautivados y al final se ponen de pie para aplaudir. De veras, todos estaban asombrados.

Volamos de regreso esa tarde y, de nuevo en mi auto en el estacionamiento del aeropuerto de Burbank, llamo a mi madre, que tenía ochenta y siete años en ese entonces, para decirle que estoy en casa, una costumbre que tenemos después de los viajes.

—Dime otra vez, ¿qué hacías en San Francisco? —pregunta.

—Dimos una conferencia a un grupo de jueces —respondo—
y estas dos mujeres maravillosas me ayudaron a dar un taller.

Hablamos un poco más, nos despedimos y cuelgo el teléfono.
Al cabo de un momento, Shameeka, que está sentada en el asiento
delantero dice:

—Ja.

—¿Qué? —pregunto.

—Oh, nada.

—No. ¿Qué?

—Bueno, nos acaba de decir «mujeres maravillosas».

—Sí, ¿y qué?

Shameeka se muestra conmovida.

—No lo sé —comienza despacio—. Cuando usted lo dice —me
mira a los ojos—, le creo.

Si ves algo y lo dices, te creerán. El tiempo para que volvamos
a nosotros mismos es ahora. El suelo que pisan nuestros pies es el
Reino de Dios, la Tierra Pura. No está a la vuelta de la esquina, *es*
la esquina. La hermandad no es una recompensa que se entrega al
final: es aquí, es ahora, está a la mano y podemos alcanzarla. Este
preciso momento es el único que tenemos disponible.

En vísperas de Navidad recordamos una y otra vez: «No se
duerman». Esta no es una advertencia de que viene la muerte, sino
un recordatorio de que la vida está sucediendo. Hoy es el día de
la salvación. Vemos como Dios ve, con amplitud y misericordia.
El único momento que nos queda para ser partícipes de este amor
mayor, sin límites y que todo lo acepta, es en el momento presente.

¿Puedes oírlo? Es la voz del Amado.

Capítulo cinco
Vende tu ingenio

Todos los días animamos a los cuates a contar sus historias. Ellos visitan escuelas primarias, conferencias, clases de criminología en la universidad, entre otros lugares y, así, refinan y mejoran sus historias con cada experiencia. Son historias de sabiduría, de cómo solían ser, de lo que les sucedió y de cómo son ahora. Rumi se dirige a Dios es este poema: «En el instante que escuché mi primera historia de amor, comencé a buscarte...». Creo que lo mismo puede suceder cuando cuentas tu historia por primera vez.

Algunos cuates se vuelven bastante buenos con las palabras. Una noche cené con Mike. Se ha vuelto tan hábil para hablar en público para Homeboy que ha comenzado a darme consejos.

—Debes condimentar tu presentación bromeando sobre ti mismo —dice.

—¿Sí? No me digas.

Este capítulo es acerca de la humildad. No se trata de burlarse de uno mismo o flagelarse hasta que la autoestima alcance niveles inimaginables; se trata de una humildad que puede llevarnos a rendirnos pacíficamente y a un sentido de gratitud general. Es el terreno natural de conexión con otro y cómo poder llegar a valorar la hermandad. Como se dice en el ámbito empresarial, no es una «disminución», sino una «redimensión».

⊱———○———⊰

Joshua quiere acuñar una frase como esas que se han hecho famosas en televisión, como: «¿De qué hablas, Willis?», de la serie *Blanco y negro*. Quiere ser conocido por una línea y decirla tantas veces hasta que todos la incorporen a su jerga diaria. Joshua es un joven alto, casi un pie [treinta centímetros] más alto que todos, y el pandillero más güero de todos. Es muy llamativo y está tallado a mano; además, es una de esas personas con las que puedes llegar a encariñarte más rápidamente que con cualquier otro. La frase que dice siempre que te abraza, y después de darte un beso húmedo en la mejilla, es: «Amo tu vida». No es que quiera intercambiar su vida por la tuya, sino que simplemente intenta alentarte a abrazar agradecido lo que tienes. Es muy tierno.

Otra frase que Joshua utiliza bastante es la respuesta cuando alguien le pregunta: «¿Por qué TAL cosa no te llevó a TAL lugar?». Por ejemplo, un día regresó a la oficina de Homeboy tras una reunión con su oficial de libertad condicional. Él lo había humillado frente a otros tres oficiales de una forma tan asombrosa y degradante, que uno no podría culparlo si hubiera ido a «tal lugar». Pero él lo soportó. Le pregunté cómo lo hizo y dijo simplemente: «Si eres humilde, nunca tropiezas». Ahí nace otra frase. Hasta el día de hoy la uso como mantra para tranquilizarme.

Si la vemos correctamente, la humildad nos conduce a nuestro verdadero hogar. Nos da conocimientos básicos para poner en primer lugar las cosas que son claramente más importantes, nos ancla en la verdad de quiénes somos, y así podemos reconocer que está bien que te «pongan en tu lugar». Phillips Brooks escribe: «La verdadera forma de ser humilde no es encorvarse hasta ser más pequeño que tú mismo, sino elevarte a tu verdadera altura contra una naturaleza más grande...». Redimensionarse siempre es más fácil de decir que de hacer.

El pícnic familiar anual de Homeboy es algo glorioso. Siempre digo que el cielo va a ser algo parecido a este evento. Durante este día tomamos posesión de todo el parque, ya que somos entre ochocientas y mil personas contando el equipo, los aprendices, sus parejas y sus hijos. El primer año del pícnic yo estaba recibiendo quimioterapia y mi cuerpo estaba lleno de esteroides que aumentaban mi energía y mis emociones. Me sentía poseído por poderes de superhéroe. Siempre estaba alerta buscando una abuela atrapada bajo un Buick para quitarle el auto de encima.

He visto partidos de sóftbol en los que equipos formados por antiguos enemigos ahora trabajan juntos. Durante un juego en particular, vi al campo corto dar una palmada en la espalda del segunda base. Mi ser lleno de esteroides se puso sentimental pensando en que, hace años, este vato hubiera apuñalado al hombre que ahora estaba abrazando. Conocía todas las historias de los jugadores, eran tan conmovedoras que a veces me iba a esconder detrás de un árbol para que no vieran mis lágrimas.

Sin embargo, sin importar lo mágico que pueda ser el día, siempre hay alguien que amenaza con alborotar las cosas. Días antes del evento, anunciamos esta regla: «No se puede tomar en el pícnic», pero siempre hay un cuate que trae una mochila con botellas de cerveza y uno de esos vasos de plástico rojos que llenan durante todo el día.

Mientras el pícnic se acerca a su fin, me llega el comentario de que Chepo está muy borracho y está buscando pelea. Más de cuatro veces se detuvo y le gritó a uno de los cuates de nuestro equipo que ahora dirigen el lugar.

—¿Crees que es gracioso? —dice entre dientes, mientras yo intento llevarlo fuera del parque. La gente se detiene a mirar cómo se movía para alejarse de mí. Por supuesto, nadie cree que esto sea gracioso, pero aun así aparentemente él encuentra un motivo para abalanzarse contra un muchacho y ¡zas!, «justo en la boca», como decía Jackie Gleason. Cuando los cuates reciben los golpes se quedan ahí parados, con mandíbula de hierro e inquebrantables recibiendo el puñetazo. Obviamente un poco sorprendidos y tambaleantes, pero sin intenciones de responder de la misma manera. La rigidez de sus mandíbulas parece decir: «No me puedes llevar a ese lugar». La ira de Chepo y los puñetazos constantes no tienen poder sobre ellos. Cada uno recibe el golpe y luego, de verdad, pone la otra mejilla. Es algo increíble de ver.

El pícnic siempre lo hacemos en el día de pago, así que llevo a Chepo hacia la entrada del parque para que se retire en calma. Solo estamos nosotros dos, y yo tengo su cheque.

—Amigo, mira —comienzo—, solo toma tu cheque y vete a casa, duerme y hablaremos mañana.

Chepo consigue estabilizarse lo mejor que puede, señala el cheque y rehúsa aceptarlo.

—Puedes tomar ese cheque y metértelo en el trasero —balbucea haciendo un gran gesto para demostrarlo.

—En ese caso —le respondo—, si cambias de opinión, ya sabes dónde puedes encontrarlo.

De acuerdo, me llevó a ese lugar.

Los místicos le piden a Dios que les recuerde que no son nada. Esto es irritante para la necesidad de vanidad que tiene nuestro ego. Los santos sabían que eran precisamente las pequeñas cosas las que favorecían el camino hacia la hermandad. Juan Diego, a quien nuestra señora de Guadalupe se le apareció, se describe de esta manera: «No soy nadie, soy una cuerda corta, una ladera pequeña, el final, una hoja». Los ojos modernos no aprecian tal despliegue de humildad, pero hay algo eufórico en encontrar la medida justa de nuestra insignificancia total.

No hay límites para los amigos que me ayudan a encontrar mi verdadera altura en mi propia insignificancia.

La capilla del Reformatorio Sylmar está llena de jóvenes y yo les doy un apretón de manos a medida que regresan a sus unidades. Una de las chicas se detiene y me pregunta:

—¿Alguna vez has oído hablar de Homeboy Industries?

Ahora, tengamos en cuenta que debo haber mencionado a Homeboy una o dos veces durante mi homilía (o, tal vez, ocho).

—Sí —le respondo—. Creo que la he escuchado nombrar.

Ella se entusiasma aún más:

—¿Has leído alguna vez *Tatuajes en el corazón*? Es increíble.

Le dije que no solo lo había leído, también lo había escrito.

Ella me suelta la mano y se queda mirándome por unos momentos:

—No te creo —hace un gesto con su rostro.

Le doy mi tarjeta y le pido que verifique el nombre que hay en ella con el del escritor del libro. Ella indaga la tarjeta, levanta la vista, no muy convencida.

—No te creo —repite antes de irse.

Reconocer la insignificancia de uno mismo es liberador. Eso nos permite abandonar las pretensiones de creernos más de lo que somos y sentirnos cómodos sabiendo que somos suficiente. Renunciamos a la intensidad de nuestro dramatismo para llamar la atención y a la necesidad de obtener el lugar de honor, y descubrimos la alegría que hay en nuestro «lugar», en la última fila, en el peor asiento. Rumi escribe: «Vende tu ingenio y compra el desconcierto». Así como Jesús, que se vació de sí mismo, esta humildad nos aleja de aferrarnos al poder y a nuestra propia inteligencia. En nuestra necesidad real encontramos a nuestro verdadero ser y descubrimos la miseria que reside en la necesidad constante de reconocimiento.

Aún necesitamos lidiar con el prejuicio original de que algunas personas son importantes y que otras no cuentan. Nuestro ego se aferra a la arrogancia y nos pone en un camino que nos aleja de la verdad de nuestra alma. La humildad puede evitar que entremos en este terreno.

A mediados de los años noventa, el vicepresidente Al Gore visitó Homeboy. Estaba planeado que hiciera una visita a la guardería y luego cruzara la calle para ver la Panadería Homeboy original y conversara con los cuates. Como puedes imaginar, la seguridad era intensa y, para controlarla, la gente del Servicio Secreto se instaló en las oficinas de la parroquia unos días antes de que llegara el vicepresidente con su equipo. Como el presidente Clinton estaba en Europa esa semana, la «pelota» con los códigos de lanzamiento de las armas nucleares viajaba con Gore. El maletín, y el edecán que lo llevaba, necesitaban su propia oficina, así que les di la mía.

Al grupo lo acompañaba un perro detector de bombas que, francamente, se creía que era una estrella. Se pavoneaba por el lugar y parecía tener uno de esos dispositivos para la solapa con el cable rizado en su oreja. (Las gafas de sol eran demasiado.) Entró a nuestro garaje con más soberbia de la que pensé que un perro pudiera tener. El garaje era donde las personas sin hogar que dormían en la iglesia podían mirar televisión y jugar a las cartas. Ellos habían adoptado al gato del barrio y no bien entró este perro del Servicio Secreto, de pronto lo vimos huyendo del lugar, gimiendo y quejándose, perseguido por el felino del gueto. A las multitudes que estaban detrás de la cuerda de seguridad les encantó el merecido castigo.

Esa mañana de la visita, recibimos al vicepresidente y su limusina estacionó frente a la guardería. La multitud saludó con la mano y gritó cuando él salió de la limo. Acababa de llegar del aeropuerto y, luego de los saludos y detalles, observó un lugar que parecía ser un baño. Excusándose, antes de que alguien le dijera algo, se lanzó hacia él.

Ahora, los que conocíamos el terreno dijimos en cámara lenta:

—¡NOOOO!

El vicepresidente había entrado en un baño, pero era un baño reservado para los niños más pequeños, con varios inodoros minúsculos, a menos de un pie [treinta centímetros] del piso. Si hubiese ido a hacer el «número dos», hubiésemos tenido un incidente internacional en las manos.

Los cuates elegidos para tener una conversación con el vicepresidente, por supuesto, fueron investigados cuidadosamente de antemano por el Servicio Secreto. A uno de mis panaderos, Freddy, se le negó la participación debido a un problema que había tenido una vez con un policía. El reporte que citaron decía que había pateado al oficial en las pantorrillas durante un arresto y, aunque no tenía cargos por agresión, pareció motivo suficiente para excluirlo. Le pregunté al caballero a cargo de los detalles de seguridad si él pensaba que Freddy podría ser un peligro para la vida del vicepresidente.

—No, eso lo tenemos cubierto —dijo con una sonrisa y me explicó que los detectores de metales y los francotiradores estarían en los lugares designados antes de que él entrara.

—Bueno, pero entonces —le dije, habiendo anticipado esta respuesta—, si no creen que este joven sea una amenaza para la vida del vicepresidente, ¿no está hecho ya su trabajo?

El agente se acercó y parecía saber cómo responder incluso antes de que se lo preguntara. No quería que Freddy estuviera presente. Dijo:

—Verá, padre, no quiero que nadie tome una fotografía de esa escoria y el vicepresidente de los Estados Unidos. Es simple.

Llamé a la Casa Blanca para quejarme. Ellos investigaron y cuando me devolvieron la llamada, dijeron que no podían hacer nada. Tenía que decirle a Freddy que no estaba invitado. Su dulzura lo caracterizaba y parecía más triste por mí que porque lo estaban excluyendo.

—Oh, G, no te preocupes —dijo—, de todos modos no creí que me permitirían ir.

Si eres humilde, nunca tropiezas.

Sin duda, una medida de nuestra hermandad siempre descansará en la certeza de que ninguna vida tiene más valor que otra. Una vez participé en una protesta para detener la ejecución del próximo preso en el corredor de la muerte de San Quentin. Era un hombre que había matado a un policía. En una contramanifestación al día siguiente, el comisario del Condado de Los Ángeles, Lee Baca, se refirió a la protesta del día anterior.

—¿Intentan decirme que la vida del hombre que mató a un policía vale más que la vida que quitó? —preguntó.

Bueno, no. Más no, lo mismo. Si pensamos de otra manera, nos enredaríamos en lo opuesto a la hermandad, en un mundo en el que no todos encajan.

Con solo tres días de anticipación, nos informaron que el presidente Obama quería reunirse con algunos cuates de Homeboy durante su visita a Los Ángeles, pero venir a nuestras oficinas era considerado demasiado «poroso» y difícil de proteger. (Supongo que a Joe Biden nunca le llegó el aviso.) Por eso, nos dijeron que presentáramos los nombres de cuatro aprendices para que asistieran a un encuentro con el presidente después de su discurso en la Universidad Los Ángeles Trade-Tech.

En el día más caluroso de agosto que recuerdo, los cuates y yo atravesamos la multitud de gente que esperaba el discurso. Cuando llegamos al frente de la fila, que serpenteaba por toda la manzana, vimos a un funcionario electo que intentaba entrar como alguien importante. Estaba suplicándole a los agentes del Servicio Secreto. Lo conocía e intercedí por él tratando de resolver la situación, pero fue en vano. Sin embargo, cuando le dije al mismo agente que éramos de Homeboy, inmediatamente nos hicieron pasar. No hace falta decir que estos cuatro pandilleros estaban fuera de sí.

—¿Sabes? —dice uno—, no todos llegan a conocer al presidente. Ni siquiera las estrellas del rap. Ni siquiera Lil' J —tuve que buscarlo en Google para saber de quién hablaba.

—¿Cuánto quieres apostar a que dice «No me digan Sr. Presidente, díganme Barack»? —dice otro. (Al final, no lo hizo.) Nos dieron pulseras amarillas y nos escoltaron al sector VIP, donde teníamos asientos preferenciales para ver el discurso del presidente; el resto de la multitud, incluido el funcionario ofendido, estaban de pie frente al escenario en un espacio sofocante y sin sombra sobre el césped.

Una mujer negra llamativa comenzó a cantar el himno nacional y Johnny, que estaba a mi lado, se inclinó y suspiró:

—No sé cómo explicar lo que estoy sintiendo en este momento —lo animé a que hiciera el intento—. Es decir, en este momento, no lo sé, tengo escalofríos.

Supe que esa sensación no era causada por un impulso repentino de patriotismo, sino por una oleada de inclusión. Es el sonido de alguien que antes estuvo excluido y ahora le colocan una alfombra de bienvenida para que camine por ella.

Después del discurso, el equipo de la Casa Blanca nos guio a nosotros y a jóvenes de otras organizaciones para personas en situación de riesgo hacia una sala pequeña y cerrada adornada con banderas y con una pantalla lisa de fondo. Unos momentos después, el presidente entró y los saludó uno por uno, preguntándoles también el nombre y la edad. El fotógrafo de la Casa Blanca captó el momento en que Obama le daba la mano y conversaba con cada uno. Llegó hasta nuestro Herbert, un afroamericano alto y desgarbado de diecinueve años que trabajaba en nuestro restaurante en el ayuntamiento de la ciudad. Herbert tenía una barba que parecía una esponja de acero tras un huracán. El día anterior habíamos intentado afeitarlo, pero no quiso. El presidente lo saludó después de la presentación.

—Herbert —dijo sonriendo—, desearía haber tenido una barba como esa cuando tenía diecinueve años. Diablos, desearía poder dejármela crecer ahora.

Reivindicado, Herbert me miró como diciendo: «Te lo dije». El presidente le preguntó a Herbert cuál era la tarea que hacía en Homeboy.

—Trabajo en el restaurante —dijo Herbert—, pero principalmente trabajo en mí mismo —agregó enseguida—. Ya sabe, terapia, control de la ira, cosas como esas.

El líder del mundo libre hizo una pausa. Luego le dio la mano a Herbert otra vez y dijo:

—Te felicito.

Yo fui el último en darle la mano al presidente.

—Padre Greg Boyle —le dije—, tengo sesenta años.

Todos rieron. El presidente me apuntó con el dedo.

—Y no pareces tener más de cincuenta y nueve —dijo, y todos rieron de nuevo.

Antes de que la visita terminara, habló un poco de su propia vida.

—Mi madre era una madre soltera y me metí en problemas —dijo—, solo que nunca me atraparon —fue un momento sensible y vulnerable. Más tarde escuché a un cuate diciendo: «era uno de nosotros».

Ese día cuatro pandilleros le dieron la mano al presidente de los Estados Unidos, el comandante en jefe, el hombre más poderoso de la tierra y ni siquiera *él* es más importante que los que le dieron la mano en ese cuarto cerrado.

Nos roban nuestro ego, que es frágil, y aun así nos llaman nuevamente hacia el gozo de olvidarse de uno mismo. Jesús dijo: «Si no eres como uno de estos niños», es difícil entrar en la hermandad a la que todos estamos invitados. A veces, lo máximo que puedes esperar es disfrutar el viaje de vuelta hacia ese lugar humilde.

Hace varios años, antes de que existiera internet, cuando querías viajar, llamabas a un agente de viajes. El mío era Robert, un tipo muy amable y atento que siempre me decía «padre».

—Llámame Greg —le decía.

—Sí, padre —me respondía.

Estaba viajando mucho y parecía haberle vendido mi alma a American Airlines, por eso, Robert me dijo que solicitaría una tarjeta de viajero frecuente AAdvantage para mí. Aparentemente, en el formulario me inscribió como «Padre Gregory Boyle» (en inglés, «Father Gregory Boyle») así todo completo. Obviamente no había espacio para todo, así que American Airlines lo abrevió para que entrara, como hubiera hecho cualquiera. Me llegó la tarjeta por correo y decía: «Fat Gregory Boyle»[7] Cada vez que entrego la tarjeta en el mostrador del aeropuerto, miran la tarjeta y luego me miran a mí con simpatía, quizá pensando que la compañía de alguna manera me ha «rotulado» por ser amante de las hamburguesas con queso y doble tocino. Siempre disfruto la naturaleza de esto: entregar mi tarjeta a alguien y que me la devuelva por el camino de la humillación. Algunos deciden «no tomárselo

---

[7] *Fat* en inglés significa «gordo», pero es la abreviación de *father*, «padre». [*Nota de la traductora.*]

muy en serio». Los budistas dicen que eso te mantiene «alegre y libre».

Hay una anécdota sobre la noche de presentación de la obra *Un tranvía llamado deseo* en Broadway. Los críticos se estaban volviendo locos y un reportero fue a la puerta del teatro para obtener unas palabras de alguien del elenco. Encontraron a un actor y le preguntaron de qué se trataba la obra. El actor les dijo:

—Es una obra de un hombre que lleva a una mujer a un psiquiátrico.

A veces somos así. Ese era el papel del actor y, en su egocentrismo, eso era todo lo que necesitaba saber. En nuestro pensamiento narcisista y egoísta no somos capaces de ver toda la obra por estar muy concentrados en el papel que tenemos en ella. Los cuates siempre han logrado sacarme de mi egocentrismo. Son unos maestros para eso.

Un cuate me escribió un mensaje de texto preguntándome dónde estaba.

Le respondí: «Kansas, ya sabes, la de los tornados».

Y él me escribió: «Sí, tornados. Son causados por el aire caliente. Encajarás muy bien allí».

En otra ocasión, estaba conduciendo hacia East Max, un edificio del sistema carcelario de Los Ángeles, para una misa que comenzaba a las 8:00 p.m. de un viernes, una hora impensable. La Autopista 5 de Los Ángeles durante una noche de viernes puede ser perfectamente un lote de autos usados, porque nadie se mueve hacia ningún lado.

Cuando llego, tarde, hay casi cien presos ya reunidos y sentados para la misa. Estamos en un comedor que huele a una extraña mezcla de limpiador multiusos y frijoles rancios refritos. Un personaje muy amenazante se me acerca antes de que pueda llegar al frente del salón. Mide más de seis pies [1.80 m], es musculoso y está cubierto de tatuajes.

—Así que eres el famoso padre Greg. G-Dog —asiente con el ceño fruncido. A este último nombre lo acentúa con grandes comillas en el aire—. Sé toooodo de ti —dice balanceando la cabeza de arriba abajo como si supiera que tiene toda la evidencia que necesita para condenarme frente a un jurado de mis pares—. Tu reputación te persigue.

Lo decepciono amablemente, diciéndole que no es la primera persona que piensa eso, hasta yo mismo lo pienso.

Una mujer, Lisa, vino a visitarme y trajo a su hijo que está en primer grado en la Escuela de la Misión Dolores. Se paró frente a mi escritorio y nos pusimos al día con la vida del otro. La conocía desde hacía mucho tiempo, antes de la maternidad, cuando era una mujer peligrosa completamente consagrada a su pandilla. Durante nuestra conversación, su hijo me observa boquiabierto, parecía estar como en trance. Le da un tirón a la camiseta de su mamá y dice:

—Mamá, para Halloween me quiero vestir como el padre Greg.

Los dos nos morimos de risa.

—¿Por qué? —pregunta Lisa.

—Porque la maestra dice que debemos ir a la escuela vestidos como un santo.

Eso nos mata de risa.

Lisa se agacha y lo mira a los ojos:

—Cariño —le explica—, el padre Greg no es un santo.

Gracias. Muchas gracias.

El significado del origen de la palabra *vergüenza* es «bloqueo», «obstáculo» e «impedimento» a pensar o actuar. Podemos sentirnos bloqueados de una liberación futura de «humillarnos a nosotros mismos» al aferrarnos al engaño de la vergüenza y al lamentar nuestro miedo a que nos señalen. Podemos sentir que se nos impide llegar a la transformación que se genera cuando vemos las cosas a través de un lente distinto. Cuando era niño asistí a Saint Brendan, un colegio parroquial dirigido por las monjas de la B.V.M. Creo que en ese momento sabíamos que las siglas eran por «Beata Virgen María», pero los alumnos preferíamos utilizarlas para «Black Veiled Monsters» [Monstruos de Velo Negro]. En quinto grado tuve una maestra a la que llamaremos «hermana María María», como mi papá llamaba a todas las monjas. Era alta y desgarbada y, como todas las hermanas, vestía un hábito negro de pies a cabeza. Nos sentábamos en los bancos alfabéticamente, y «Boyle» estaba en la fila más cercana al pizarrón, en un costado. Un día, la hermana María María vino hacia mi lado para escribir una tarea muy extensa en el pizarrón. Lo hacía muy rápido y con mucha energía. Mientras escribía, su parte trasera parecía estar motorizada y los pequeños pliegues de su hábito giraban completamente mientras se movía de acá para allá. Parecía que debajo de toda esa tela negra tenía uno de esos agitadores de latas de pintura que ves en una ferretería, dos de esos en realidad.

En ese entonces, yo era algo así como el payaso de la clase, por eso, para llamar la atención de mis compañeros, tomé mi lápiz e hice un gesto hacia la hermana María María como si estuviera clavándoselo en su trasero en movimiento. La clase se echó a reír y ella rápidamente se dio vuelta. Mis compañeros, por supuesto, no me delataron y ella regresó a su escritura. Luego tomé mi regla y fingí aporrearla por detrás. La clase no pudo contenerse y, nuevamente, ella se dio vuelta y todos callamos. Estaba disfrutando mucho de esa atención. Así que, al final, quité la vista del objetivo para mirar hacia mis compañeros, levanté la palma de mi mano exagerando como un artista de vodevil y, de pronto, conecté tan fuerte con su cuerpo que todos quedaron más atónitos que divertidos. La monja se volteó lentamente hacia mí.

—Sr. Boyle —me dijo—, ¿necesita algo?

Con los años aprendes a tolerar el dolor para poder avanzar hacia la calma de la humildad. Nadie quiere permanecer atrapado en la vergüenza; sin embargo, todo lo que nos lleva a reconocer nuestro vacío nos termina acercando a los brazos de Dios. Esto, a su vez, se traduce en una valoración por los demás, que de otra manera no sucedería.

Una vez, estaba sentado en el primer banco de una iglesia llena en Escondido, California, y la organizadora del evento, una mujer con mucha energía, estaba presentándome. Claramente, quería incitar a la congregación a reaccionar. Les imploraba que tomaran el mensaje que yo iba a dar y lo utilizaran para mejorar la comunidad. Mientras hablaba, miraba las notas que había escrito en unas fichas. Sin embargo, cuando llegó a la mitad de su discurso comenzó a hablar más desde el corazón, ignorando las notas que tenía frente a ella.

—Así que, finalmente —dijo—, antes de invitar aquí al padre Greg, los invito a ustedes a que sean parte de esto y vivan su fe. Porque como dice el padre Greg de forma elocuente en su libro *Tatuajes en el corazón*, «Dios no nos ama».

Toda la sala se quedó sin aire. Si hubiese estado en una comedia de televisión, la hubiera mojado al escupir la bebida que estaba tomando. De inmediato consultó sus notas.

—No, eso debe estar mal —murmuró buscando la ficha que había dejado cuando decidió hacerlo espontáneo—. Oh, aquí está. «Dios no solo nos ama, amarnos es su mayor alegría». Bueno, eso es completamente diferente.

De inmediato las risas sacudieron el lugar.

Si bien creo que la mujer se puso colorada por su error, tomó su lugar con mucha humildad. La multitud la cobijó, la apoyó como lo hace Dios y rápidamente transformó el contratiempo de su vergüenza en una risa que nos transportó y nos elevó a todos.

La iglesia llena instintivamente trató de recordarle nuestra pertenencia esencial y que su posición en ella es inconmovible.

El mundo entero puede amarte, cargarte sobre sus hombros, aplaudirte fuerte cuando entras y darte infinitos «me gusta» en Facebook, pero si una sola persona alza su ceja hacia nosotros, nos desarmamos. Es increíble que una sola persona tenga ese poder. Aunque deseamos perdernos en el amor de Dios, muchas veces nos perdemos en esa persona a la que no le agradamos, o en ese cuate que se decepciona de ti, o en aferrarnos a nuestra reputación y lo que la gente piensa de nosotros.

Aparentemente, unos amigos de Larry David, el actor de *Curb Your Enthusiasm*, lo llevaron al estadio de los Yankees por su cumpleaños. Le avisaron de la ocasión especial a los funcionarios del estadio y, cerca de la séptima entrada, proyectaron su rostro en vivo en la pantalla gigante del estadio. Todo el lugar lo ovacionó de pie y le cantó el «Feliz Cumpleaños» entre gritos y aullidos. Sin embargo, más tarde en el estacionamiento, un hombre se acercó en su auto y le gritó:

—¡Oye, Larry! Apestas.

Eso afectó a Larry y se pasó el resto de la noche obsesionado con ese hombre.

—¿Por qué dijo eso? —preguntaba constantemente—. ¿Qué fue todo eso?

Solo un hombre.

Todos clamamos por elogios, pero retrocedemos ante las críticas. Son extrañamente e igualmente seductoras. Nos sacan de nuestro centro y nos hacen más dependientes de las críticas y los elogios. En lugar de eso, debemos encontrar la forma de poder verlo y retroceder. Debemos tener la capacidad de observar el brillo positivo de los elogios y aun así no aferrarnos a él, sino movernos rápidamente de vuelta al centro. Debemos permitir que el dolor de la crítica nos resbale, poder sobrevivir a eso y luego volver rápidamente a nuestro centro. Queremos «la dicha de la inocencia», como la llama el Buda, y sin embargo estamos atados a los elogios de la multitud o a los comentarios malos de los contrariados. Debemos intentar darnos cuenta cuando estamos a punto de permitir que el rencor se consolide en las críticas y dejar que la ilusión de los elogios defina quienes somos.

Por mucho tiempo he sido el receptor de muchas opiniones que intento no tomar de forma personal. Sin duda, para muchos cuates soy una «figura paterna» y con el tiempo algunos han comenzado a llamarme «Papá». Hay momentos en que salgo de una sala después de una charla y la gente es muy efusiva con sus elogios. Los pedidos de fotos a veces exceden algunos límites legales. Debes tomar la decisión de no apropiarte personalmente de esas adulaciones, ya que la gente proyecta todo esto en ti, pero, sin duda, no se trata de ti.

Eso es cierto, pero también me sucedió todo lo contrario. Una vez recibí un gran premio en el hotel Biltmore de Los Ángeles. Cuando terminó la cena del evento instantáneamente la gente me rodeó. Me pedían que les diera la mano, que firmara ejemplares de mi libro y que posara para fotos. En un momento, mientras me acercaba lentamente a la salida, giré hacia mi derecha y vi a una mujer de mediana edad vestida muy elegantemente que se me acercó tanto que hasta pude oler el vino en su aliento. Ella sonrió y se acercó aún más.

—Lo odio —dijo, con la frialdad del acero en cada palabra—. Odio todo lo que defiende y lo que representa Homeboy Industries. A mi hijo lo mató un pandillero. Solo puedo sentir odio por usted y su organización, y siempre lo sentiré.

Me quedé paralizado, sin palabras. Logré tocarle el brazo y decirle que lo sentía antes de que ella se alejara. No sentía tanto que había estado frente a una madre afligida, como que había tenido un encuentro con una persona encarcelada. Hubiese deseado permitirle que me contara toda la historia, sin filtros y, tal vez, convertirme en un escape para ella. Sin embargo, eso me hizo regresar a mi verdadero hogar, a un lugar lejano a cualquier adulación. Fue un momento chocante y triste y, aunque la punzada fue fuerte, supe que no debería tomarlo como algo personal. Cuanto más te tomas las cosas de forma personal, más sufres. Debes observarlo, llevarlo a la luz, dejarlo ir y continuar. Uno puede elegir y permitir que el sufrimiento lo eleve hacia un lugar de amor humilde. Hay que ajustar el nudo de la cuerda roja en la muñeca y encontrar nuevamente el centro.

La humildad hace que el centro de gravedad vuelva a estar en su lugar. Esto enfrenta al ego aferrado, lo que da oxígeno a nuestro sufrimiento, y requiere una comprensión clara, porque lo contrario de aferrarse no es dejar ir sino amar. Esta es la meta de la práctica de la humildad, tener una «comprensión clara» de la vida que nos abre el camino para apreciar lo que está justo frente a nuestros ojos.

Una de mis mejores amigas, Jeanette Van Vleck, C.S.J., me enseñó lo que es tener una «comprensión clara». Nos conocimos a finales de los años setenta y fuimos juntos a protestas contra la carrera armamentista nuclear y la guerra en El Salvador. Hasta nos arrestaron juntos. Ella era una defensora de la idea de no aferrarse a las cosas y, sin embargo, ella misma admitió que luchó contra eso toda su vida. Ese apego era el sufrimiento que tenía constantemente, que le daba, como dice Jack Kornfield, «la quemadura de la cuerda». De hecho, en sus peores momentos, aferrarse a las cosas le impedía apreciarlas.

Una vez fuimos juntos al The Grove en Los Ángeles, vimos una película y luego comimos en un elegante restaurante chino al lado del cine. Tres días más tarde ella me llamó.

—No vas a creer esto —dijo—. Después de la cena, al día siguiente no me sentía bien. Fui al doctor. No vas a creer esto. El doctor dice que tengo leucemia aguda —me quedé en silencio y luego ella agregó—: nunca volveré a *ese* restaurante chino.

Lloramos por un rato largo.

Cuando conté esta historia en su funeral, apenas treinta días después, dije frente a la iglesia llena que Jeanette había llegado, finalmente, a la «comprensión clara». Resulta que cuando nada te rodea, no puedes salir del dolor, no encuentras un punto de apoyo. Como dijo una vez el anuncio de Napster: «No tengas nada, tenlo todo». La humildad puede preparar el suelo que te lleve a no depender de nada hasta que no quieras nada, sin aferrarte y teniendo una comprensión clara. Para entrar en la hermandad de Dios necesitas humildad.

La madre de Andrés lo abandonó cuando tenía nueve años y lo dejó en la calle por un par de años. Para mí, él siempre ha sido un ejemplo claro del deseo profundo de habitar en su verdad. Lo único que él quería, más que nada, era mejorar su vocabulario.

—Estuve enumerando todas las cosas que necesitaba hacer hoy —decía. Y luego agregaba—: enumerar es hacer una lista.

Si está de acuerdo conmigo, dice «coincido». Incluso le dijo a una sala llena de psiquiatras durante una charla en San Diego que en Homeboy había logrado una «metamorfosis» de sí mismo. Después les explicó que eso significaba «cambio».

Un día vino a trabajar y entró de golpe a mi oficina.

—Anoche estaba regresando a casa de King Taco —dijo—. Ya sabes, en Soto. Bueno, antes de llegar a mi cuadra, estoy cruzando frente a ese parque pequeño, tú sabes cuál es, y veo a un hombre acostado en un banco. Está dormido o tratando de dormir. En el suelo, junto a él, hay una botella de cerveza medio llena y el hombre está tiritando de frío. ¿Sabes cuál es mi suéter favorito?

—asentí aunque no sabía de qué estaba hablando. No quería distraerlo.

—Bueno, lo tenía puesto y me lo quité para ponerlo sobre él. No se despertó ni se dio cuenta.

Por un momento, Andrés entró en una especie de trance y de pronto regresó.

—Oye, no te cuento esto para que pienses que soy una GRAAN persona —volvió a hacer una pausa para pensar y se conmovió con viejos sentimientos que regresaron a la superficie y le hicieron más difícil continuar sus palabras—. No, te cuento esto porque yo conozco ese banco —recobra la compostura—. Yo estuve ahí.

Más tarde, Andrés compartió esta historia con su terapeuta, que le enseñó una nueva palabra.

—Ella me dijo que era un hombre de integridad —dijo parado frente a mi escritorio. El ego encontró su lugar para poder descansar en unión con alguien más, en un banco familiar. Andrés encontró su verdadera altura.

Una cuerda corta. Una hoja.

Capítulo seis
«El buen camino»

Cada semana, en Homeboy Industries recibimos la visita de, fácil, quince grupos, grandes y pequeños, de todas partes del mundo. Una mujer una vez me envió el video de YouTube de su visita, que había grabado con su teléfono celular. El guía fue Eric, un pandillero afroamericano de diecinueve años que había sido aprendiz por apenas un año. En el video se ve a Eric hablándole al grupo frente a nuestro departamento de servicios de empleo, que ayuda a los cuates a encontrar empleos cuando terminan su tiempo con nosotros. Eric comienza:

—Como *siempre* dice el padre Greg —cuando un cuate comienza una oración de esa forma, de seguro lo que sigue será algo que nunca pronuncié en mi vida y, en este caso, Eric no fue la excepción—, no solo es un empleo para los cuates, es intentar que los cuates trabajen por sí mismos.

Desde ese momento comencé a utilizar la frase de Eric.

Nosotros intentamos modificar la forma en que vemos las cosas para poder cambiarlas y caminar en otra dirección. James Baldwin escribió: «No todo lo que se enfrenta se puede cambiar, pero nada se puede cambiar hasta que no se enfrenta». La tarea que tenemos no es cambiar las conductas, sino ver con claridad. Después de todo, Dios no quiere nada *de* nosotros, sino *para* nosotros.

Dios no va a amar más a una persona porque abandone una pandilla, Él solo desea liberarnos del miedo y la ansiedad, y el cambio de conducta viene como consecuencia de saber esto. Después, la visión de Dios se convierte en nuestra visión. La maestra budista Sylvia Boorstein dice: «Cuando vemos con claridad, nos comportamos de forma impecable».

Una noche subí a mi auto a tres cuates que me habían dicho que andaban de juerga por los suburbios de Aliso Village, eran casi las ocho y sabía que si subían por su voluntad a mi coche, podía llevarlos a sus casas y evitar que se metieran en problemas si se quedaban por su cuenta. He aprendido que la mejor forma de hacer que cooperen es alimentándolos.

—Llévanos a Jack in the Crack (Jack in the Box) —dice uno.

—No, a McNalgas (McDonald's) —se queja otro en desacuerdo.

No tengo idea de por qué desprestigian a estos dos lugares, son los únicos a los que siempre quieren ir. Generalmente elijo la comida basándome en algún cálculo interno de la pandilla a la que pertenecen y el nivel de «cabeza dura» que muestre cada uno. Esa noche, fuimos a Jack, en Cesar Chavez y Mott.

Cuando nos detenemos en un semáforo, escuchamos que alguien está hablando con un megáfono acerca de los beneficios de seguir a Jesús. En la esquina, veo unas personas que parecen haber sido miembros de pandilla y drogadictos, tal vez, predicando y entregando folletos. Uno de mis pasajeros, Rusty, un chico agradable de diecisiete años, baja la ventanilla y le acepta un folleto a un tipo grande de bigote, en ese momento la luz se pone en verde. A medida que nos alejamos el sonido del megáfono se pierde. Rusty comienza a leer el folleto en voz alta con mucho esfuerzo. En medio del espacio que hace entre cada palabra podría pasar un camión y hasta una flota entera.

—¿Estás harto? Hay una salida —lee con lentitud—. ¿Estás usando drogas? ¿Estás en la delincuencia? ¿Bebes demasiado? ¿Estás deprimido? ¿Tu matrimonio está en crisis? —deja de leer y apoya el papel en sus piernas, abre los ojos bien grandes como descubriendo algo—. Diablos, G. ¡Tres de cinco!

«Trabajar en ti mismo» no cambia la escala del amor de Dios. Después de todo, ya está fijado en su máximo nivel. Sin embargo, el trabajo que uno hace busca alinear nuestra vida con los deseos de Dios para nosotros, que seamos felices, alegres y libres de todo lo que nos impide vernos como Dios nos ve.

Estoy en mi oficina hablando con un cuate, un superior del equipo, y veo de reojo a Froggy en el área de recepción. Froggy es un joven de diecisiete años que ha trabajado para nosotros desde hace un tiempo, pero lo enviaron a un «lugar más adecuado» por un año luego de violar su libertad condicional; en su caso, fue una casa de acogida. Lo saludo con la mano y comparto mi felicidad con el cuate que está sentado conmigo contándole que le han concedido un pase de visita.

—¿Un pase? —dice el cuate y suspira—. Él siempre se ausenta sin permiso.

De inmediato le digo que me traiga a Froggy. Me preparé para tener una conversación directa, en la que recalcaría que ausentarse sin aviso era un gran error, pero que se corregiría si me permitía llevarlo de regreso a su hogar de acogida antes de que su Gran Fuga lo coloque en la lista de los *Más Buscados del País*.

Froggy entra furtivamente, con los hombros encogidos, sin un abrazo, ni un saludo, como Charlie Brown cuando su cometa se queda atorada en un árbol.

—Froggy, hijo —le digo—, tengo tres palabras para ti.

Me preparo para entregarle un trozo de papel en el que había escrito la palabra «error» tres veces, pero él me hace un gesto con la mano.

—Ya sé cuáles son esas tres palabras —dice.

Le pregunto intrigado y me recita utilizando sus dedos para contarlas.

—Ca... Beza... Hueca.

—De acuerdo —le digo—. Tus tres palabras son mejores que las mías —y arrojo el trozo de papel.

Algunos días, lo máximo que puedes esperar es estar plantado en la seguridad de un amor que no cambia frente a los errores de un cabeza hueca.

En nuestro último día antes del receso de Navidad, Valentino, uno de los panaderos, entra a mi oficina. Le pregunto sobre sus planes para las fiestas, sabiendo que los cuates generalmente no tienen un hogar a donde ir, ni familia o familiares con quien puedan celebrar.

—Bueno —dice suspirando un poco—, primero iremos a ver una película que quiere ver mi mujer y luego veremos una que yo quiero ver.

—¿Cuál es la que ella quiere ver? —pregunto.

—*Francotirador.*

Me reí, y Valentino también.

—Sí, bueno, ya conoces a las *hembras*, hay que darles algo de romance —dice remarcando la última palabra con comillas en el aire y haciéndome reír de nuevo.

—¿Y cuál es la tuya? —pregunto.

—La nueva de *El Hobbit* —le pregunto si ha visto las otras y dice que sí—. Me encantan las películas con una buena historia

—dice. Luego hace una pausa e intenta ser más preciso —. Me gustan las películas con un buen camino.

Cuando emprenden el camino de cambiar sus vidas, los cuates se acostumbran a hablar con este ejemplo. Tal vez los oigas decir: «Solía andar por el mal camino, pero ahora estoy en el bueno». Es algo que se dice naturalmente, pero yo no creo que haya dos caminos. Solo existe el Buen Camino, siempre estamos dentro de él. Durante el camino hay obstáculos, por supuesto, hay surcos, barrancos y contratiempos que parecen insuperables y necesitamos caminar con cautela sobre troncos para cruzar esos barrancos. Durante el viaje, por momentos podemos quedar atrapados en el lodo o hasta en arenas movedizas, pero es un solo camino y es bueno porque nos acerca hacia el Dios que nos llama y que solo quiere que avancemos. Los cuates comienzan a ser ellos mismos de verdad cuando están con la actitud de recibir la ternura de Dios. Pronto descubren que eso es la recompensa.

Estoy esperando que Zurdo venga a confesarse a nuestra capilla improvisada en la Correccional Holton, otro de los lugares para menores donde doy la misa en el condado. Han colocado el altar en la sala de televisión, justo fuera del área donde tienen encerrados a los presos menos cooperativos. Él llega más tarde de lo que me hubiese gustado, pero rápidamente me explica la razón:

—Estaba caminando por el campo. Todos están en su tiempo de descanso, pero este vato que siempre busca pelea se puso frente a mí y comenzó a insultarme. Los demás hicieron un círculo alrededor nuestro para que peleáramos, pero yo le dije que no iba a pelear con él, que hoy iba a hacer mi Primera Comunión. Así que le extendí la mano y le dije: «Que la paz sea contigo». Y, diablos... él también me dio la mano.

El cristianismo en sus primeros años era conocido como «el Camino», no necesariamente una fórmula secreta, sino un camino de transformación que nos guiaría hacía una vida abundante. No era un portal de entrada para agradarle más a Dios, era un buen camino que prometía plenitud.

Beto y yo estamos de pie en el estacionamiento de la Panadería Homeboy. Su uniforme blanco está lleno de manchas, de masa y esas cosas, como un testigo silencioso del final de su largo día.

—Finalmente le hice honor a mi padre —me dice Beto de la nada. Sigue contándome que antes, cuando su padre se juntaba con sus amigos los sábados y le preguntaban dónde estaba Beto, generalmente tenía que decir que estaba en la cárcel—. Pero ahora espera contento para reunirse con su bola de camaradas para que le hagan la pregunta y poder decir: «Beto es panadero» —su rostro se ilumina.

Ellos le dicen a Jesús:

—Señor, danos siempre de ese pan.

Y Jesús dice:

—Claro que puedo hacerlo.

Plenitud, luz, felicidad y paz, esa es la abundancia prometida.

Faltan más de dos horas para que Milton entre a trabajar, pero Milton, que tiene dieciocho años, entra a mi oficina de un brinco. Es muy temprano para tener ese entusiasmo.

—Creo que soy un pandillero recuperado —dice muy feliz.

—A ver, cuéntame —le digo mientras tomo mi café.

—Bueno, hoy estaba en el autobús, sentado al lado de un hombre rico.

Por un momento tengo mis dudas, después de todo ¿cuántos ricos de Los Ángeles toman el autobús? Sin embargo, lo dejo continuar.

—Él tenía un celular de alta gama, muy caro, hermoso. Yo lo estaba mirando y pensé, diablos, mi antiguo yo hubiese esperado hasta la próxima parada, lo hubiese tomado y hubiese salido corriendo. El tipo me vio admirando su teléfono y, así nomás, me lo dio. No podía creerlo. Me *entregó* su teléfono.

—¿Qué hiciste? —le pregunto dándome cuenta de que estoy inclinándome en mi silla fascinado.

—Lo miré, se lo devolví y le dije: «Déjeme darle un consejo. No le dé sus cosas a extraños. No sabe quiénes son. En otra época yo hubiese salido corriendo con su teléfono, pero ahora soy un pandillero recuperado, porque trabajo en Homeboy Industries».

Fíjate si quieres tener esta alegría tangible, es lo que Martin Luther King Jr. llamaba «el poder de Dios que transforma el hastío de la desolación en el optimismo de la esperanza». Un destello de esperanza es el gozo de un cuate fatigado. El «viejo hombre» no está definido por sus malas acciones. Sin embargo, no está familiarizado con la verdad de la dignidad y la bondad completa. El «nuevo hombre»… solo necesita ponerse de pie para avanzar.

Un cuate, bastante orgulloso de su transformación personal, me dijo una vez:

—Solía mirarme en el espejo y decirme a mí mismo: «Eres un fracaso». Ahora me miro y me digo: «Estoy orgulloso de ti». Vea, G, soy como una ostra. Se me metió dentro toda esta basura y esta arena —dijo dándose una palmada en su pecho—, pero eso me fortaleció y me protegió. Ahora mire lo que obtuve, una perla, justo aquí —y llevó su mano hacia su corazón.

Cuando Ignacio habla de consuelo se refiere a cualquier movimiento que nos impulse en la dirección correcta. Entonces, el desconsuelo es todo lo contrario: no solo es sentirse mal, es evitar que el corazón de Dios sostenga el nuestro. Un cuate, que normalmente no tiene filtro para expresar sus pensamientos, conoció a un forastero que no tenía piernas. Sin poder contenerse lo miró y dijo:

—¡Guau! ¿Cómo te las arreglas?

El hombre encogió los hombros y dijo:

—Solo sigo en movimiento.

Básicamente eso.

Se trata de seguir en movimiento, avanzar por el Buen Camino, encontrar momentos de felicidad durante el camino hasta que esos momentos se unen y abren paso a una vida de felicidad. Mientras tanto, aquello en lo que nos enfocamos y esperamos es el compromiso de llegar a ser seres humanos completos y plenos. Al traer toda esa compasión y desvelo a nuestra propia experiencia vivida sabemos que nada humano puede resultarle abominable a Dios.

Un cuate, Shaggy, una vez me escribió en un mensaje de texto: «La curiosa paradoja es que hasta que no me acepte tal cual soy, no puedo cambiar».

—◦—

No había visto a Adolfo en muchos años. Tenía once años la primera vez que nos vimos. Cuando se sentó en mi oficina, ya adulto, le pregunté cuántos años tenía. Al principio, le daba mucha vergüenza decirme, pero finalmente sin mirarme a los ojos, murmuró:

—Cuarenta y uno.

Hacía treinta años que había visto por primera vez a este travieso divirtiéndose con sus cuates. Ahora me doy cuenta de que se avergonzaba de no haber logrado mucho en todos estos años, a su parecer. Por dentro, se sentía decepcionado de no estar a la altura. Simplemente, le dije que era un privilegio conocerlo y tenerlo nuevamente en mi vida. Así como cuando alguien me presenta un certificado de algún logro por una cosa u otra, también quiero que sepa que *él* es ese logro. Sin este enfoque, uno se queda solo con la tristeza de los años desperdiciados «sin haber logrado mucho». Adolfo ya era un logro, solo que aún no lo sabía.

Mientras miramos hacia adelante en el camino, antes de poder ver con claridad debemos hacer muchas clasificaciones y selecciones. A veces, todo lo que necesitamos es un lente nuevo para ver el mundo. En Alcohólicos Anónimos hay un proceso que se llama «hacer un inventario», que es aceptar el daño que hemos causado e identificar las ideas que siempre nos meten en problemas.

Durante una capacitación en resucitación cardiopulmonar le piden a Janet, una mujer muy machona y excesivamente tatuada, que sacuda y le grite al muñeco, el paso previo a la respiración boca a boca. Cuando llega su turno, en lugar de sacudirlo y gritarle, ella esculca sus bolsillos. El instructor le pregunta qué está haciendo.

—Pensé que robarle despertaría su trasero más rápido que gritarle —dice Janet. Cambiar la forma de pensar es un gran desafío, pero si los cuates no se «aceptan», entonces se quedan atorados en esa visión limitada y nunca llegan a una verdadera transformación.

Por eso, en Homeboy casi todos (desde los administradores de casos hasta los acompañantes y todos los puestos en el medio) aprenden a apoyar a las personas y a dejar que alguien los apoye a ellos, recordándose unos a otros sus dones, que tienen el poder de ayudarnos a todos a vencer el miedo de no poder avanzar. Jesús, después de todo, solo buscaba relacionarse con los marginados. ¿De qué otra forma podemos recordarles a las personas su bondad si no es mediante la conexión?

>———o———<

Después de decirle a Carlos que se inscriba en las clases de control de la ira que damos, él dice:

—Diablos, G, ya tomé esas clases como diez veces y sigo enojándome.

En HBI no les enseñamos a *no estar* enojados, les enseñamos *cómo* enojarse. Para avanzar, los cuates deben tomar la decisión de no ser más las víctimas de su propia ira. Deben amigarse con sus heridas para no despreciarlas. Thich Nhat Hanh nos dice: «Mantén abrigada tu soledad». Nuestro dolor debe estar cerca.

Kendric, un pandillero afroamericano de poco más de treinta años, entra en mi oficina con un descubrimiento. Me cuenta que cuando tenía nueve años su mamá entró a la sala de estar donde él estaba viendo televisión y se paró allí con los brazos extendidos. Kendric se acercó y vio que se había hecho heridas profundas en ambas muñecas. La sangre comenzó a caer sobre el piso.

—¿Ves lo que me hiciste hacer? —le dijo con calma y con frialdad.

Al día siguiente, Kendric estaba en un hogar de acogida y permaneció allí hasta que tuvo diecisiete años. (Inexplicablemente, a sus otros dos hermanos nunca se les ubicó en el sistema.) A los catorce años ingresó a una pandilla y a partir de los diecisiete creció en la prisión. Ahora, aquí sentado en mi oficina, este tipo rudo está quebrado en llanto, todo por ese solo recuerdo.

—Me di cuenta de que había preferido enojarme para no sentir vergüenza —dice. Este descubrimiento, en el buen camino, le permitió finalmente perdonar a su madre por su enfermedad mental y perdonarse a sí mismo por haber sido alguna vez un niño de nueve años. El poeta Jack Gilbert escribió: «La forma de llegar era caminando hacia atrás».

———○———

Muchas veces, la gente dice que «si una puerta se cierra, otra se abre», pero a veces hay un pasillo, un periodo de gracia antes de encontrar la siguiente puerta. En Homeboy les digo a nuestros superiores que parte de nuestra tarea es «marcar el pasillo», hacer que esa distancia entre la antigua versión de uno mismo y la nueva sea reconfortante. Los alentamos y los convencemos con un cariño constante hasta que su alma indecisa comienza a caminar hacia la totalidad del ser. El pasillo puede ser largo y la tentación de regresar a esa versión antigua y gastada, pero conocida y segura de nosotros mismos, puede ser muy fuerte. Aquellos que marcan el pasillo tampoco han llegado completamente, nuestro acompañamiento mutuo durante el camino nos impulsa hacia la meta. Se trata de la «rehabilitación del alma», como dice uno de nuestros superiores. Todos marcamos el pasillo de este buen camino solo con bondad en nuestras mochilas y nuestro propio dolor al alcance de la mano.

Me cruzo con Joey en una tienda Target. Está empujando un carrito y sus dos niños están tomados de los costados, disfrutando el paseo, flexibles como dos marsupiales. Los dos nos alegramos de este encuentro en el pasillo cinco. Hacía tiempo que no nos veíamos. La primera vez que vino, Joey estaba viviendo en el corazón del barrio de sus enemigos, tenía miedo por su vida y por la constante influencia de sus cuates. Se convirtió en aprendiz de Homeboy y, después de dieciocho meses, el departamento de empleos encontró un trabajo para él en un almacén con un buen salario. Desde entonces, se mudó a un lugar donde podía respirar con más tranquilidad.

—En el último lugar en el que viví —me dice—, cantaba para mis adentros la canción de *Misión imposible* mientras corría hacia la parada del autobús. Ahora vivo en un lugar más calmado y canto «Es un hermoso día en el barrio».[8]

Los encuentros casuales como este en un Target me dan la oportunidad de tomarle la temperatura a los cuates y medir su compromiso con su nueva vida. Le pregunto si ha tenido novedades de alguien de su «barrio» (su pandilla).

---

[8] «It's a Beautiful Day in the Neighborhood», la canción de un programa de televisión. [*Nota de la traductora.*]

Sacude la cabeza con el ceño fruncido y dice que no.

—Ya no voy al barrio. Ya no sé nada de nadie —luego algo despierta un recuerdo—. Bueno, espera... sí recibí una llamada hace un par de meses de un jovencito del barrio. No sé cómo consiguió mi número, pero me llamó para decirme que iba a haber un encuentro.

De vez en cuando, las pandillas se encuentran en un parque o en algún lugar grande para reunir a un gran número de compañeros. La asistencia es obligatoria.

Le pregunté cómo respondió a ese llamado.

—Le dije: «No voy a ir a su encuentro. Soy un hombre, tengo un empleo, soy esposo y padre. No voy a ir a su maldito encuentro».

Su tono al contarme esto es muy firme y hasta se burla un poco. Estoy impresionado. Le pregunto qué le respondió el joven y Joey encoge los hombros riéndose.

—Me llamó vago —en la jerga de las pandillas, esa es una palabra dura de decirle a otro—. Le dije que si fuese un vago, iría a su encuentro.

Se rio. Como dicen en los programas de juegos: «¡Buena respuesta!».

La esperanza siempre es que los cuates no solo se conformen con respuestas, si no que realmente encuentren un sentido. La meta no es la perfección, es la plenitud que se obtiene cuando vives agradecido y sabes lo que tienes. Joey descubrió que una vez que intentas apreciar lo que tienes, todo cambia. El sacerdote peruano Gustavo Gutiérrez creía que solo un tipo de persona puede transformar el mundo: aquel que tiene un corazón agradecido.

Una miembro del equipo se encontró con Speedy, un pandillero muy activo en su momento que ahora acababa de salir de prisión y estaba en las calles como un hombre nuevo.

—¿Cómo lo viste? —le pregunté.

—Bueno, Speedy ha encontrado a Jesús —comienza—, y lo tiene estrangulado. Jesús se está poniendo azul, pobre de él.

Como diría mi madre de noventa y dos años: «Estoy totalmente de acuerdo». Sin embargo, ponerse a mano con tu vida nunca es reemplazar una adicción con otra. Jesús nos anima a ir más allá de la «estrangulación» hacia un verdadero despertar del corazón.

Una vez, durante una sesión de preguntas y respuestas en Australia, me preguntaron:

—¿Cuándo le presentas a Cristo a un pandillero?

—Nunca e inmediatamente —fue mi respuesta.

Cuando cualquiera de nosotros se compromete y comienza una relación con los que viven al margen, el encuentro con Cristo es algo vivo y completo. Después de todo, como siempre digo, yo no llevo a los pandilleros a Cristo, ellos me llevan a Cristo.

En Homeboy nuestra meta es ofrecer una especie de fortaleza que solo se consigue mediante el compromiso relacional y siempre está aferrado a la verdad. Jesús habla de aquellos «que pertenecen a la verdad». No es algo que dices sino algo que posees, tú perteneces a ella. Esto radica en la aceptación personal y en el conocimiento sincero. Lo más importante que encuentran los pandilleros en Homeboy es descubrir quiénes son en verdad. Una vez que eso se apodera de ti, regresar a la prisión es inconcebible.

Si bien Curly ha estado con nosotros por seis meses, pocas veces pide hablar conmigo. Lo conocí en una correccional cuando era más joven, pero ahora tiene diecinueve años, se graduó de nuestra escuela y acaba de inscribirse en una universidad pública. Él es callado y aún tiene problemas con el idioma; su acento se siente en todas sus palabras. Pero no es común que venga a mi oficina y quiera una «audiencia» conmigo, así que estoy ansioso por hacerlo pasar.

—¿Qué sucede, hijo?

Me dice que ha aprendido algo importante:

—Descubrí que usted es mi padre —dice—. Sí, es bonito tener un padre —sonríe apenas.

—¡Guau! —le digo—. Me has alegrado el día. Imagina mi orgullo si Dios me hubiese dicho: «Este es tu hijo, Curly».

Hice una pausa por un momento, sabiendo que debía hacer una pregunta:

—¿Y qué hay de tu papá?

Curly sacude la cabeza.

—En verdad nunca estuvo allí para mí. Hace como diez años que no lo veo.

Luego se desvía por un momento hacia el lugar al que van todos los cuates cuando hablan de su pasado, después de tantos años siempre me doy cuenta. Es como un álbum viviente del que toman una foto que habían intentado esconder.

—Mi papá una vez me quebró el brazo.

Me cuenta que un día su papá regresó de trabajar, pasó de largo junto a él y a sus hermanos, que estaban jugando en la sala, y se fue a su habitación. A los pocos minutos reapareció furioso, preguntando quién había robado sus baterías. Bueno, el pequeño Curly tenía un juguete que necesitaba dos baterías y las había encontrado en el cajón de su padre. Levantó su dedo con timidez y dijo que había sido él. Su padre fue hacia él, lo tomó del brazo y se lo partió en dos.

—Tenía seis años —logra decir entre sollozos. Hace todo lo que puede para reponerse—. Sí, es bonito tener un padre al fin.

Incluso una primera aceptación del sufrimiento propio te lleva a una intimidad espiritual contigo mismo y con los demás, que es totalmente confiable.

Los supervisores de nuestras distintas empresas sociales suelen llamarme para decirme:

—¿Viste al tipo que nos enviaste el otro día? Bueno, no quiere estar aquí.

—¿Dónde está ahora? —suelo responder preguntando.

—Aquí —dicen.

«Aquí» es un lugar tan bueno para comenzar como cualquier otro. Homeboy es como una reunión de Alcohólicos Anónimos. ¿Quién está allí? Alguien que ha estado sobrio por veinte años, alguien que solo lo ha estado por veinte minutos y alguien que está borracho... pero están todos allí.

Lalo llegó joven a Homeboy, definitivamente tenía solo un pie en la puerta. Los acompañantes son cuates que actúan como una especie de mentores y necesitaban prestar particular atención cuando estaban cerca de Lalo, ya que sus bromas estaban envueltas de esa fanfarronería de pandillas que deseamos minimizar porque pueden llevar a la provocación.

Una de las clases a las que accedió a ir era la de meditación de los lunes por la mañana. El padre Mark, que la daba, sacudía la cabeza cuando Lalo tomaba el teléfono o hablaba durante los momentos de quietud y distraía a los demás. Mark intentó ignorarlo golpeando el gong y respirando hondo. Pero de un día para otro, todo eso cambió. Lalo comenzó a respirar tan profunda y plácidamente como un maestro zen. A los cuatro meses de estar con nosotros, pasó por mi oficina para decirme que si no fuera por Homeboy, él estaría muerto.

—No encerrado —enfatiza—, estaría muerto.

Un viernes se encuentra con el padre Mark en el pasillo y le pregunta si la meditación del próximo lunes sigue en pie.

—Sí —le asegura Mark—, de hecho, me gustaría que lideres al grupo.

El rostro de Lalo de pronto se ve afligido.

—¿... que LIBERE al grupo?

Las personas marginadas están muy acostumbradas a que se les pida que salgan de un grupo. Pero ¿que lo lideren? No tanto. Lalo había aprendido, a pesar de los tropezones del camino, que no debía compararse con la idea abstracta e inalcanzable de ser alguien mejor. Solo necesitaba aparecer y pertenecerle a su verdad. Él se entregó a eso.

>———o———<

Una crítica que me hacen muchas veces es que suelo «consentir» a los pandilleros, pero no estoy completamente seguro de lo que quieren decir con eso o cuál sería la alternativa. Algunos prefieren la «rehabilitación rigurosa» porque tienen miedo de «consentir», pero eso significa principalmente que no entienden el asombro y no pueden ver el grado de dificultad que tienen los cuates al transitar su vida y su historia. Todos en Homeboy intentamos ayudar a que puedan hacer eso. Con ese fin, intentamos fomentar una cultura irresistible de cariño, queremos que este amor firme y armonioso se infiltre por todos lados. Solemos decirles: «Estamos contigo» (señalando con un dedo) y «estamos contigo» (abriendo nuestros brazos para abrazarlos). De hecho, me alienta que los pandilleros puedan recibir, en general, una crítica que pueda hacer en alguna ocasión y que la interpreten como una crítica amorosa, aunque sea algo difícil de aceptar.

Una vez, corregí a Víctor, un panadero, por algo y él no lo tomó bien. Me miró con ojos grandes de perro triste.

—Diablos, G, ahora mi autoestima está por debajo de los testículos de un lagarto.

(Creo que esta historia en realidad tendría que haber ido en un capítulo sobre la «manipulación».)

A veces, un cuate quiere tomar cualquier otra ruta de salida que no sea la que más necesita. Mientras más les ruegas que entren en rehabilitación, más dicen: «Tengo mucho que perder», pero yo siempre les digo: «No, tienes todo por ganar».

Beaver es un adicto a la heroína que acaba de desintoxicarse y ahora está de nuevo en las calles. Él cree que necesita cualquier cosa, menos rehabilitación.

—Tengo un conejo dentro de mí —dice—, voy a correr.

Luego cambia de tema.

—¿Sabes lo que necesitas? Necesitas tu EDEG.

Hace una pausa.

—¿Qué significan las siglas «EDEG»?

—Yo lo escribo en un trozo de papel «Examen de Desarrollo de Educación General» y luego, en otro, escribo «MTTAR» y se los doy.

Beaver estudia las letras.

—¿Y esto qué significa?

—Mete Tu Trasero A Rehabilitación.

Cuando doy misas en cárceles, les recuerdo a todos antes de recibir la eucaristía que, como seres humanos, muchas veces no entendemos bien las cosas. Así que les doy la bienvenida a la raza humana, a toda la catástrofe, en toda nuestra imperfección, para que puedan llegar a la comunión. Más tarde, termino citando un poco al Papa Francisco, quien dice que la eucaristía no es un gran premio para los perfectos, sino que es comida para los hambrientos. Cuando llega el momento, intento que la congregación abrace su hambre colectiva y tenga un entendimiento más claro de la perfección.

Al quitar nuestros dedos de la garganta de la perfección, ganamos acceso a nuestro verdadero valor y podemos respirar con más facilidad en nuestra tendencia humana de hacer las cosas mal.

Una vez un convicto en la Prisión Estatal de Mule Creek me dijo: «Esto no se trata de perfección, a esa le disparamos en el pie hace mucho tiempo».

Leo y Ángel toman el tren conmigo para dar una charla en un salón lleno de psicólogos en el hotel del Coronado, que se hizo famoso por la película *Algunos prefieren quemarse*. Cada uno le da a la audiencia un vistazo de su vida y me ayudan a responder preguntas después de las presentaciones. Al regresar a mi oficina, el cuarto está lleno de compañeros que quieren saber cómo nos fue.

—Nos amaron —comienza Leo—, y cuando terminamos nos promocionaron de pie.

Todos en la oficina comienzan a reír y Leo me mira confundido.

—Nos *ovacionaron* de pie —le digo. Pienso que se va a avergonzar por su error, pero las risas no parecen ponerlo nervioso. Para él, hacer todo perfectamente no es la moneda del reino., Esto es más valioso que la perfección, a la que le disparó en el pie hace tiempo.

Jesús les dio el pan a los discípulos y ellos lo recibieron en la mano, por este motivo generalmente no doy la hostia en la lengua como otros sacerdotes. Si Jesús no lo hizo así, ¿por qué yo debería hacerlo? No hay una mentalidad o una espiritualidad detrás de eso; además, es desagradable. Una vez una señora muy elegante vino a una boda en la Misión Dolores. En el momento de la Eucaristía, sacó la lengua expectante. En estas situaciones siempre digo en español: «Mejor en la mano», pero esta mujer vestida con mucha elegancia respondió que no podía hacerlo como yo le pedía. Le pregunté por qué, allí mismo en la fila.

—Estoy sucia —me dijo al borde de las lágrimas.

Le toqué el brazo y le dije que es grandiosa para Dios. Después de eso, tomó la hostia en la mano. Dios no está esperando que le demostremos que somos dignos.

En el transcurso de su buen camino, los cuates muchas veces necesitan reclamar la infancia que les negaron. La clase que damos llamada «Mi bebé y yo» no solo es una oportunidad para que aprendan a jugar con sus hijos, es una oportunidad para que recuperen el tiempo perdido. Todos los viernes a las 9:30 a. m. nuestro equipo de salud mental planea manualidades, juegos y canciones para los padres y sus pequeños. A veces, también viene un pediatra voluntario del Hospital General para responder preguntas. El salón grande es un lugar muy alegre durante esa hora, lleno de dedos pintados y arcilla moldeada. A todos los que llegan se los recibe cantando «buenos días a ti, buenos días a ti». En el piso hay un paracaídas gigante y muy colorido donde un niño se ubica en el medio y los demás alrededor lo toman y, al mismo tiempo, lo lanzan al aire. (Me pregunto si esto será seguro.) Los rostros radiantes y felices se ven tanto en los padres como en los niños.

Lica, un nuevo empleado que es muy alto y hace dos semanas que salió de prisión, se paseó una mañana por «Mi bebé y yo». Ve que todos están muy divertidos, se acerca a Theresa, de nuestro equipo de consejeros, y casi sin aliento le pregunta si se puede inscribir en la clase. Ella comienza a escribir su nombre.

—¿Debes tener un niño para participar? —pregunta él. (Bueno... esa es la idea.) Nadie duda de que Lica alguna vez fue un niño, pero apuesto a que le quitaron su infancia. Sin embargo, resulta que puedes recuperar lo que has perdido.

No me gustan los paneles de discusión. Como una señora de la limpieza «que no limpia ventanas», me resultan una gran pérdida de tiempo y generalmente son el reflejo de las inseguridades del organizador del evento: multiplican el número de oradores porque no saben si uno es tan bueno como para hablar todo el día. Una vez, estuve en un panel de treinta personas y hablé exactamente dos minutos. Nunca recuperé esas dos horas. Aunque intento evitar esos formatos, acepto participar en esos eventos si puedo llevar conmigo a algún cuate.

En uno en particular, dos cuates se unen a los sospechosos de siempre en este tema de las pandillas: policías, académicos y funcionarios. Estamos en un hogar para ancianos, frente a la audiencia más vieja que he tenido. Nos sentamos en el escenario, en mesas alineadas con jarras de agua, vasos, lápices y anotadores impecables. A mi lado se sienta Arturo, un pandillero de unos treinta años con una historia de adicción a la heroína y visitas a la prisión. Ahora está bien, pero le da mucho miedo hablar en ese sitio lleno. Lo hace muy bien y encuentra la forma de llegar al corazón de la audiencia.

Una hora y media después, terminamos. Me pongo de pie y le doy un vistazo al anotador de Arturo, que tiene cuatro líneas escritas:

Tus hijos te aman.
Tómate tu tiempo.
No te detengas.
Capacidad máxima.

Sospecho que la última línea ha sido tomada de la advertencia del jefe de bomberos sobre el cartel iluminado de la salida, que advierte cuántos ancianos pueden entran en este espacio. Pero me asombra la claridad y simplicidad de sus recordatorios. El lema extraoficial de Homeboy está tomado de Richard Rohr, que dice: «Si no transformamos nuestro dolor, seguramente lo transmitiremos». Es reconfortante escuchar a los cuates hablar de esto con los más jóvenes. Les digo a los más grandes, a los que dirigen el lugar, que lo más importante nunca es el comportamiento, sino la identidad, esa versión antigua de cada uno que tiene que morir para que salga a la luz una versión nueva y brillante.

Admitiré que hay algunos a los que ves y piensas: «Sí, no creo que este tipo alguna vez pueda enderezar el camino», pero no se lo dices a nadie, te lo guardas para ti y esperas que todos, o alguien, puedan cambiar el camino. La gente siempre te sorprende.

Johnny era uno de esos chicos. Lo conocí cuando tenía quince años, pero nunca en mi oficina. Nunca quiso que lo vieran allí. Nos encontrábamos en el callejón donde solía juntarse con sus amigos; él era mucho más difícil que cualquier otro de su edad. Sin duda, ya se había «puesto a trabajar» para su barrio. Con el tiempo eso lo llevó a un tribunal de menores, luego a una correccional, luego a un reformatorio y, finalmente, a prisión. Salió de allí a los veinte años, pero seguía negándose a poner un pie en Homeboy.

Pero hay que hacer lo que haga falta. Johnny tuvo que hacerse cargo de cuidar a su madre, quien se vio afectada por cáncer pancreático. En los últimos seis meses de su vida, yo los visitaba y observaba el cariño con el que Johnny atendía cada necesidad. Se convirtió en la persona a cargo de los cuidados paliativos y la cuidó con mucha ternura. Cuando ella falleció, yo fui quien la enterró. Una semana más tarde vi a Johnny entrando en Homeboy Industries.

A los cuatro meses de trabajar como aprendiz, entró en mi oficina para conversar.

—Lo que me sucedió ayer nunca me había pasado en la vida —comenzó.

Me dijo que estaba en la Línea Oro del metro de Los Ángeles, que tomó en la estación de Chinatown, e iba hacia el este luego del trabajo. El vagón en el que iba estaba lleno, pero consiguió un asiento. Frente a él, agarrado del tubo, iba un pandillero un poco mayor, con tatuajes y un poco borracho. Johnny tenía una camiseta de Homeboy con el logo y la frase «EMPLEOS, NO CÁRCELES» bastante grande en su pecho. El cuate, tambaleándose un poco, miró de cerca la camiseta y luego a Johnny.

—¿Trabajas allí? —le preguntó.

Johnny, al principio reacio a dialogar con el tipo, asintió.

—¿Es bueno? —disparó, no de forma agresiva, solo insistente.

Johnny se encogió de hombros.

—Bueno, a mí me ayudó. Creo que no volveré a la cárcel gracias a ese lugar —dijo señalando el frente de su camiseta.

Luego Johnny se paró sintiéndose como el profeta Ezequiel cuando escribió: «El Espíritu me puso de pie». Sacó un papel en blanco de un bolsillo y un bolígrafo del otro y escribió la dirección de Homeboy. Me dijo que no podía creer que la supiera de memoria.

Se la entregó al hombre y le dijo:

—Ven a vernos, te ayudaremos.

El hombre agarrado al tubo observó el papel.

—Gracias —respondió.

El tren llegó a la siguiente parada y el tipo se bajó. Johnny regresó a su asiento y miró a su alrededor.

—Lo que sucedió después —me dice—, nunca me había sucedido en toda mi vida. Todos en el tren me estaban mirando, asentían con la cabeza y me sonreían —su labio tiembla y se le escapa una lágrima—. Por primera vez en mi vida... me sentí admirado.

Un proverbio chino dice: «El principio de la sabiduría es llamar a las cosas por su nombre correcto». Queremos encontrar el nombre correcto para lo que nos han hecho, para lo que nos cambió y para lo que nos sucede ahora. Todos queremos encontrar nuestra capacidad máxima. Cuando ese deseo es muy fuerte encontramos quien nos lleve por ese pasillo, por ese camino, el Buen Camino. La forma de llegar es caminando hacia atrás.

Capítulo siete
«Chicos buenos»

Aquí estoy, en *El show del Dr. Phil*. Lo sé, lo sé, ¿en qué estaba pensando? Pero el Dr. Phil fue tan amable en destacar el trabajo de Homeboy y promocionar mi libro en su programa que, aunque estábamos nerviosos por el enfoque que le daría al segmento, pensamos que todos teníamos las mismas ideas. ¿Qué tan malo podía ser? Estoy sentado junto al Dr. Phil mientras me presenta.

—Quiero que conozcan a un hombre increíble —comienza—. Él es el autor del libro de gran venta *Tatuajes en el corazón*. También es el fundador de Homeboy Industries, el programa de intervención en pandillas más grande del país. Démosle la bienvenida al padre Greg Boyle.

La audiencia aplaude y entre ellos están algunos cuates que me acompañaron a la grabación del programa. Luego, para mi horror, veo que del lado del escenario en el que está Phil hay un ataúd color caoba apoyado encima de un camión de iglesia cubierto de terciopelo. Me vuelvo y veo que, de mi lado, hay una celda reconstruida perfectamente, con barrotes, cama, lavabo e inodoro. Seguramente gastaron mucho en estos dos escenarios.

Un adolescente afroamericano, uno latino y uno blanco son el foco del programa. Todos están relacionados de alguna manera con las pandillas y están acompañados por sus madres solteras afligidas. Cada pareja llega una a la vez.

Ya se puede ver hacia dónde va esto. Phil toma al primer niño por el cuello (hablando figurativamente) y le da una buena sacudida.

—¿No ves a dónde te lleva tu decisión? —señala los dos escenarios—. A prisión o a la muerte.

Hace lo mismo con el segundo, pero con el tercero, ya no pude quedarme callado.

—Cada niño que se une a una pandilla —interrumpo a Phil—, sabe que terminará muerto o en prisión —Phil escucha con atención—. No necesitan más información. No están esperando que les den datos nuevos. Ya lo saben, pero simplemente no les importa.

Hace unos años fui a donar sangre, algo que hago con frecuencia. Mi papá siempre donó sangre y, como él y yo compartíamos el tipo de sangre que pueden utilizar todos, siempre solíamos hacer varios viajes al año a la Cruz Roja. Un año, después de hacer los exámenes habituales, el hombre del banco de sangre miró mis primeros resultados y, pálido, me dijo que fuera a ver a un doctor, rápido. Eso hice, el doctor me diagnosticó mononucleosis y estuve en tratamiento por un año. Sin embargo, resultó ser leucemia. (Creo que todos podemos coincidir en que hay una gran diferencia entre las dos.)

Un mal diagnóstico nunca es neutral. Siempre te pone detrás de la bola ocho. Debes ponerte al día y eso desperdicia tiempo, dinero y recursos. Ningún plan de tratamiento que valga la pena nació de un mal diagnóstico. Nunca. Un buen diagnóstico lo es todo.

Ningún niño ilusionado se une a una pandilla. Nunca ha sucedido esto ni en la historia de las pandillas ni en la historia de los niños. Ni una vez, nunca. Los niños con ilusiones no se unen a una pandilla. Participar en una pandilla es la ausencia total de esperanza. Un niño no está en busca de nada cuando se une, siempre está huyendo de algo. Sin excepciones. Ese es un buen diagnóstico.

A los periodistas en particular les cuesta mucho entender este concepto.

—Bueno, todos *saben* que los niños se unen a las pandillas porque solo quieren un sentido de pertenencia —me han dicho más de una vez.

—No es cierto —respondo siempre—. Los niños se unen a las ligas infantiles para tener un sentido de pertenencia, a las pandillas se unen porque quieren morir.

Les digo que es más preciso decir que «Todos *dicen* que los niños se unen a las pandillas porque quieren un sentido de pertenencia». Sin embargo, si entrevistaran a un cuate, les diría que la pandilla es como «una segunda familia» que «me apoya». Básicamente, los pandilleros dirán que buscan «vino, mujeres y música». Unirse a una pandilla es descubrir el mundo. Ellos dicen esto porque es más fácil que explicar que «mi mamá solía apagar sus cigarros en mí, meter mi cabeza en el inodoro y apretar el botón hasta que casi me ahogaba». Las pandillas son los lugares a los que los niños van cuando se dan cuenta de que su vida es una miseria, y ¿quién no sabe a esta altura que a la miseria le encanta la compañía? Pero en estos treinta años que he caminado con ellos, nunca conocí a un mal tipo. Cualquiera pensaría que a esta altura habría conocido alguno.

Tengo sesenta y tres años y nunca he matado a otro ser humano. Si les preguntara a ustedes por qué, dirían que es porque conozco la diferencia entre el bien y el mal, o dirían que es porque tengo suficiente inteligencia emocional para no dejar que el conflicto llegue a ese final mortal. Ambas cosas son ciertas, pero ninguna es relevante.

Hay tres grandes tesoros que han caído en mi vida que son responsables del hecho de que nunca le haya quitado la vida a otra persona:

Primero: por pura suerte, en mi vida casi no he pasado por situaciones de desesperación. Siempre he podido imaginar mi futuro y, en consecuencia, me preocupo por mi vida. Y, como lo hago, también me preocupo por la vida de los demás.

Segundo: no puedo identificar ningún trauma determinante en mi infancia o en mi vida que me lleve a un lugar de ira. He tenido luchas y sufrimientos, pero ¿el golpe de un trauma grande y nocivo? Nunca.

Tercero: nunca me ha afectado una enfermedad mental. Nunca tuve que atravesar la esquizofrenia, ni tuve que cargar con la sociopatía, la psicopatía o la bipolaridad. Tengo problemas, como todos, pero he ganado la lotería de la salud mental. Mi falta de un pasado homicida no se debe a mi superioridad moral o a mi gran inteligencia emocional, es suerte, pura suerte.

Todos los cuates que conozco que han matado a alguien, todos, han llevado cargas cien veces más pesadas que las mías, llenas de tortura, violencia, abuso, descuido, abandono o enfermedades mentales. La mayoría de nosotros nunca hemos tenido que soportar ese peso. Tal vez puede no gustarnos esta realidad, pero no podemos negarla.

Spider y Mugsy son dos cuates que vinieron conmigo para hablar en un gimnasio lleno de estudiantes de preparatoria en Palm

Desert. Ambos tienen alrededor de 35 años, tienen tatuajes y han visto la mayor parte de su vida adulta repartida entre la adicción a las drogas, la violencia de las pandillas y la prisión.

—Propónganse no romantizar nada de su pasado en las pandillas —les digo mientras entramos—. Todo aquel que ha llegado a aceptar su vida sabe que ningún niño está buscando algo cuando se une a una pandilla, siempre está huyendo de algo.

Spider va primero. Es muy musculoso y tiene una apariencia intimidante, supongo, hasta que hablas con él y te das cuenta de que solo es un tipo gigante, pero es amable y bueno. Comienza exponiendo las cosas básicas de su historia: se crio en los suburbios, se unió a una pandilla de muy joven y abandonó la escuela. Está parado sobre un escenario improvisado frente a gradas llenas de absortos estudiantes de preparatoria. Sin embargo, casi al principio de su relato se detiene. El silencio es incómodo y yo no sé si él está congelado o necesita ayuda. Justo cuando estoy por tirarle un salvavidas, comienza de nuevo.

—Creo que tenía como cinco años —dice—. Sí, cinco. Estaba jugando con cerillos, ya saben, como cualquier niño. Bueno, eso enojó a mi mamá, así que me jaló del brazo y me llevó a la cocina. Teníamos una de esas cocinas eléctricas con bobina. Ella la prendió al máximo y esperó hasta que el alambre se pusiera bien rojo, luego sostuvo mi mano sobre ella por un largo rato.

Los estudiantes gritaron de asombro y a Spider se le cayeron algunas lágrimas, pero continuó:

—Todo lo que recuerdo es que me desperté en el piso del baño con la mano en el inodoro buscando un poco de alivio porque estaba toda quemada y llena de pus.

Spider parece entrar en un estado de pensamiento profundo y emoción intensa. Cuando por fin puede hablar, señala a su joven audiencia:

—Por eso me uní a una pandilla.

Las cosas atroces que una persona tuvo que soportar en su juventud son lo que más la puede convertir en una extraña para sí misma. Aceptar los traumas de la infancia es una tarea difícil, es mucho más fácil no recordarlos, y no oírlos también es más fácil para todos los demás.

Una vez, un cuate le contó a la audiencia que se había unido a una pandilla porque quería «independencia». Sin embargo, no existe un adolescente que no quiera independencia, así que fue una forma inofensiva y, por lo tanto, aceptable de presentar su pasado en las pandillas, pero su hogar era una pesadilla. Para él era más fácil decir que buscaba independencia que reconocer que su madre era adicta al *crack* y el caos que era su vida podrida por la droga. Una vez, hasta había tenido que pasar por sobre el cadáver de un adicto en su sala para ir a la escuela. La negación es muy beneficiosa hasta que ya no está, es cuando necesitamos encontrar un lugar seguro para quitar las capas de nuestro propio dolor.

Aunque hacía muchos años que conocía a Pedro, no recordaba un momento en que hubiera siquiera mencionado a su padre. Tal vez, para él era importante mantener esos recuerdos distantes, por eso me sorprendió cuando, de pronto, un día se abrió.

—Entré a donde estaban mi mamá y mi papá —dijo—. Él la estaba golpeando muy fuerte. Yo tenía diez años. Tomé un palo grande y lo golpeé en la cabeza. Lo sorprendí. Le dije que si quería golpear a alguien, me golpeara a mí —hizo una pausa—. Bueno, se me cumplió mi deseo. Me dio una gran paliza.

Llevé conmigo a Mauricio para hablar en una clase de psicología en la Universidad de California en Irvine. Él está llegando a los cuarenta años y se le nota de lejos que es un pandillero. Al terminar la charla, una joven de la clase le preguntó por qué había huido de su casa a los nueve años, como había mencionado.

Mauricio encoge los hombros y dice:

—Estaba cansado de oír a mis padres.

Más tarde, de camino a casa, le pregunto si recuerda lo que había dicho. Dice que sí y le pido que lo repita.

—Dije que hui de casa porque mi mamá siempre me daba una paliza.

Le digo que eso no fue lo que él dijo; de hecho, afirmó que estaba cansado de oír a sus padres.

—¿En serio? —me dice incrédulo.

Le pregunto si alguna vez conoció a su padre. No, no lo conoció. Su madre lo torturaba a diario. Un año, cuando estaba en segundo grado, lo mandó a vivir al patio con una cadena larga al cuello que lo asfixiaba. El patio se convirtió en su inodoro, su cuarto, su celda. Los vecinos le daban comida a escondidas, pero nunca llamaban a las autoridades para denunciar a la madre. Finalmente, ella dejó que Mauricio regresara a la casa cuando terminó el verano. Huir de su casa dos años después resulta muy sensato.

Un cuate me recordó algo que dije una vez en el «Pensamiento del día», una parte de nuestro encuentro diario matutino en el que hacemos anuncios, celebramos cumpleaños y rezamos para comenzar el día.

Me citó:

—Encuentra tu historia. Conócela. Recuérdala. Cuéntala. Y siempre recuerda que, al final de tu historia, tú eres el héroe.

Dijo que nunca se había olvidado de eso. Yo no recuerdo haberlo dicho, pero confié en su palabra.

—Y hasta ese momento —dice—, siempre había creído que yo era el villano de mi historia.

Chicos buenos o chicos malos. Los pandilleros creen que ellos son los villanos de sus propias historias, principalmente porque la sociedad ha insistido en esto. Encontrar el héroe que llevamos dentro requiere valor y trabajo constante. Cuando conocí a Richard, él estaba cumpliendo una sentencia en un reformatorio. Yo siempre lo llamaba «Richard, el heroico», aunque no sabía bien por qué. Durante el tiempo que estuvo con nosotros en Homeboy sus heridas eran muy recientes y por eso su proceso de sanación fue muy doloroso.

Un día le pregunté cómo le estaba yendo en terapia.

—No me hacía nada bien —respondió—. Ya no voy más.

Miré sus tatuajes, que sabía que estaba en proceso de quitárselos.

—¿Cuántos tratamientos has tenido en esos tatuajes de la cara? —le pregunto.

—Tres —dice—. Lleva un tiempo porque la tinta es oscura.

Puse mi brazo alrededor de él.

—Richard, el heroico. La tinta que tienes aquí dentro también es oscura —le dije tocando su pecho—. Sé paciente, lleva tiempo.

Una amiga me escribió desde la cárcel: «Todos los días, en mi celda, rezo para que mis demonios no salgan de su escondite». Las cosas que nos persiguen y nos causan dolor pueden llegar a darnos una golpiza emocional y traer tsunamis de vergüenza. Los demonios nos alejan de quienes somos. Sabemos que Jesús quita los demonios, o cualquier cosa que nos controle: las drogas, los celos, el barrio. Sin embargo, Él quiere degradar la «conducta pecaminosa» y, en su lugar, realizar la restauración. Francamente, Jesús no se enfoca mucho en los demonios, está más interesado en expulsar la demonización.

La gente esclavizada necesita liberación y la gente exiliada necesita regresar a casa. Los ciegos necesitan ver, mientras que los enfermos y heridos necesitan sanar y los marginados necesitan una comunidad. Sin embargo, nos han programado para pensar que los pecados son los que nos definen y que, una vez que alcanzamos ese punto, ya no hay vuelta atrás. Los cuates siempre tienen presentes sus actos. Su «pecado» es la fuente que alimenta su vergüenza. Es una fuente de desgracia infinita con la que, son conscientes, otros los identifican.

En el evangelio de Lucas, Jesús está pasando por Jericó. Él no se queda allí; el escritor parece querer dejarlo bien en claro. Jesús solo está de paso por esa ciudad. Las multitudes se reúnen para verlo pasar. Un habitante llamado Zaqueo es tan pequeño que no puede ver mucho, así que se sube a un árbol para poder ver a Jesús. Cuando Jesús pasa por allí, ve a Zaqueo y dice que se quiere quedar, en su casa. Toda la multitud queda boquiabierta. Zaqueo es el jefe de los recaudadores de impuestos, esto significa que es el modelo del «chico malo», el hombre más odiado y demonizado de la época. Lo que más quiere Jesús es expulsar nuestros demonios. Con su actitud, Él parece decirle a la multitud horrorizada y sorprendida: «No existen los chicos malos. Dejen de decirles así».

Conozco a Eddie desde hace treinta años. Probablemente ya esté cerca de los cincuenta. Va a misa a la Misión Dolores todos los días con su padre, Ramón, que es el sacristán más fiel de la iglesia. No es de muchas palabras. Tal vez dice: «Abrazo, abrazo» antes de darte uno durante el saludo de paz en la misa. Muchas veces, simplemente dice: «Buen chico» cuando está parado frente a ti. A veces, si ese día tienes suerte, dice: «Eres un buen chico. Eres un buen chico».

Los monstruos, los villanos y los chicos malos no existen. Eddie parece saber esto. Solo existen personas que cargan con un dolor indescriptible. Entre nosotros hay personas profundamente traumadas que solo hablan el lenguaje del daño y están aquellos que tienen mentes enfermas, y su enfermedad los acecha todos los días.

Pero no existen los chicos malos. Jesús parece decir que no hay excepciones para esto; sin embargo, para nosotros es difícil creerlo.

En su sentencia a vivir sin la posibilidad de la libertad condicional, una joven simplemente dice:

—Es cierto que hice lo que dicen que he hecho, pero no soy lo que dicen que soy.

⊱——o——⊰

Wayne LaPierre, el director ejecutivo de Asociación Nacional del Rifle, ha dicho: «Lo único que detiene a un tipo malo con un arma, es un tipo bueno con un arma».

Una vez di una charla en Sacramento y, cuando terminé, un hombre se me presenta diciendo:

—Yo represento a los tipos buenos.

Luego reveló que era un lobista de los comisarios de California. Como se acababa de sentar en mi conferencia, asumo que pensó que yo representaba a los «tipos malos».

Cuando los periodistas acompañan a los policías en las patrullas para informar en la prensa escrita o en la televisión, siempre preguntarán a los agentes cuál es su misión. Muy pocas veces los policías dicen lo que está escrito en sus autos: «Proteger y servir». Casi con unanimidad dicen: «Nuestro trabajo es simple: atrapar a los tipos malos». O, como me dijo una vez un oficial: «Vamos a aplastar a lo mejor de la basura».

Hace unos años, mientras regresaba a la oficina de una presentación en Los Ángeles, encendí la radio y oí la noticia de un drama en el aeropuerto de Los Ángeles, donde habían baleado a un agente de la Administración de Seguridad en el Transporte. El reportero estaba interrogando a un policía en la escena:

—Entendemos que la policía tiene a un tipo malo en custodia. ¿Los agentes piensan que hay otros tipos malos allá fuera?

Esto fue la radio NPR.

Después de que la Misión Dolores se declarara una iglesia santuario, no solo para los centroamericanos que huían de la guerra, sino también para los mexicanos indocumentados que no cumplían con los requisitos de la amnistía, recibí una llamada. La persona que llamó dijo que había leído acerca del compromiso de nuestra iglesia en *The Los Angeles Times* y que admiraba profundamente nuestros principios. Me pidió la dirección para enviar una donación. Intercambiamos cumplidos hasta que, de pronto, su voz bajó a un registro más oscuro y dijo:

—Ahora le voy a decir el verdadero motivo de mi llamada.

Entonces comenzó a decir una retahíla de ofensas y obscenidades racistas tan llenas de odio que finalmente le colgué. El cuate que estaba en mi oficina en ese momento dijo que cuando finalicé la llamada me veía más blanco que de costumbre.

¿Este fue un encuentro cercano con la maldad? Solía decir que sí, pero ahora tengo la certeza de que solo hablaba con alguien que cargaba un gran dolor. Desmond Tutu estaba en lo cierto cuando decía que no hay gente malvada, solo actos malvados; no hay monstruos, solo actos monstruosos. Un oficial de libertad condicional, cuando conversábamos acerca de ciertos cuates, solía decir: «No te gastes en intentar ayudarlo, es pura maldad». Ese tipo de comentarios solo me obligaban a duplicar mis esfuerzos. Pegar la etiqueta despectiva de «malvado» a una persona nunca ha sido un acto refinado o respetuoso de la complejidad humana.

Solo accedí a testificar como experto en pandillas en los casos de pena de muerte. Esta oportunidad generalmente se da en la fase de sentencia y, como yo me opongo profundamente a la pena de muerte, siempre trato de darle al jurado un contexto para ayudarlos a entender por qué el acusado se convirtió en pandillero. Yo solo espero que la frase «Si no fuera por la gracia de Dios...» haga efecto al menos en un miembro del jurado para que se salve una vida. A veces conozco al acusado, pero la mayoría de las veces no.

Voy a continuar subiendo al estrado para hacer todo lo que pueda hasta que entremos en razón y decidamos dejar de ejecutar a las personas. He hecho esto tal vez unas cincuenta veces, y solo dos veces los acusados fueron sentenciados a muerte. Los abogados defensores me preguntan cuánto cobro por mi testimonio.

—Nada —les digo—, y asegúrate de preguntarme eso en el estrado.

Generalmente lo hacen y eso me permite manifestar mi oposición a la pena de muerte. Esto siempre hace que ambos abogados y el juez griten y les pidan amablemente a todos los que están en la corte que ignoren lo que se acaba de decir. Pero aun así, eso queda en el aire y uno espera que haga algún bien.

Cada demandante generalmente sigue el mismo esquema en su cuestionario. Primero, establecen que les agrado o que me respetan. Una vez, el fiscal empezó a decir mientras deambulaba por el tribunal al estilo de Andy Griffith:

—Ahora, padre, usted parece un buen hombre. Bueno, amable. Es decir, mírese —apuntó con sus brazos hacia donde yo estaba—, usted es Santa Claus.

Hubo un silencio en la corte. Sí, admito que tengo una barba blanca y que, probablemente, mi peso se haya ido al Polo Norte en los últimos años. Pero miré al juez y le dije:

—Su Señoría, quisiera pedirle que borren del registro las palabras «Santa» y «Claus».

Apenas lo dije, me arrepentí. Este era un juez muy riguroso y sabía que no le agradaban las tonterías. La corte se echó a reír y el jurado estaba fuera de sí. Sin embargo, a mí solo me importaba el tipo de la toga negra. Miré al juez y vi que se había cruzado de brazos y apoyó su cabeza allí. Noté que sus hombros se movían y todos tuvimos que esperar hasta que desapareciera su risa. Regla número uno para la fase de sentencia de pena de muerte: va viento en popa después de la primera risa.

Luego, me preguntan sobre las decisiones. ¿El acusado no era libre de decidir si matar o no? ¿No somos todos libres de elegir nuestras acciones y después hacernos responsables de ellas? Supongo que sí, comienzo, pero siempre le recuerdo a la fiscalía que no todas las decisiones son iguales. Mi decisión de no unirme a una pandilla en mi adolescencia en Los Ángeles no puede ser comparada con la que enfrenta un niño que creció en un proyecto de viviendas públicas en los suburbios de Los Ángeles; básicamente, alguien tomó esa decisión por mí. Fue una cuestión de geografía, no de moralidad. Fue la lotería fortuita de los códigos postales.

Finalmente, llegamos a la pregunta del «bien» y el «mal», la «inocencia» y la «maldad», que casi siempre se presenta en una letanía de crueldad.

El fiscal comienza a preguntar:

—¿Qué diría usted, padre Boyle, de un hombre que...? —y relata un acto atroz con detalles espantosos. A veces, hasta se muestran fotos ampliadas.

—Bueno —digo—, imagine lo triste y oscura que debe ser la desesperación de alguien para hacer algo así.

El fiscal, algo exasperado, prosigue con una serie de detalles todavía más horrorosos.

—Imagine —repito— lo herido y traumado que tiene que estar alguien para hacer algo tan horrible.

Con la presión arterial en aumento, el fiscal lanza el último disparo terrible de advertencia. Muestra una serie final de eventos inimaginables que dejan a todos boquiabiertos.

Y respondo:

—No puedo ni imaginar lo dañada mentalmente que debe de estar una persona para hacer algo así.

Esta declaración siempre causa mucho alboroto. El abogado, que a esta altura está furioso, siempre pregunta si soy psiquiatra.

—No —le digo—, y usted tampoco. Pero nadie necesita haber tomado una clase de psiquiatría para reconocer un daño mental cuando lo ve.

Nuevamente, la sola mención de un daño mental suele generar revuelo. El fiscal golpea el podio y me señala como si estuviéramos en la escena de la frase «Tú no puedes soportar la verdad» de Jack Nicholson.

—¿No puede decir «maldad», no? —me pregunta.

Mi respuesta siempre es la misma:

—Si digo «maldad», tengo que negar todo lo que sé que es cierto acerca de la complejidad de los seres humanos. Tendría que tomar la visión menos compleja del crimen y sus raíces para decir eso. Así que no, no puedo.

El fiscal se acerca al jurado, completamente disgustado. Pone el brazo en el borde de la tribuna del jurado y deja de caminar.

—¿Usted da misa los domingos? —pregunta sin mirarme.

—Sí —digo.

Se ríe de forma extraña, luego golpea la madera con la mano.

—Si no habla de la maldad, ¿de qué habla?

Uso el tono de voz más tierno que tengo:

—¿Amor?

Una segunda risa del jurado tampoco perjudica.

Una mujer secuestra a una embarazada, la apuñala y le saca el feto. El artículo dice que a la policía se le ocurre un motivo: «Debe haber querido un bebé». Gracioso, yo hubiese dicho que tenía una enfermedad mental. ¿Por qué es tan inaceptable que esta sea una respuesta a las cosas horrendas que leemos todos los días? El jefe de detectives del caso, Robert Durst, dijo: «Él no está loco, es diabólico». Aun así, es un caso genuino de una enfermedad mental. John Walsh, el presentador del programa de televisión *La cacería con John Walsh*, es el mejor ejemplo de indignación moral inflada del tamaño de un globo del Desfile de Acción de Gracias de Macy's. Un avance del programa mostraba la ficha policial de un hombre blanco de mediana edad mientras que Walsh gruñía con desprecio: «¿Qué clase de hombre le dispararía y mataría a su hija de cinco años?». Bueno, voy a apretar el botón que dice «enfermedad mental», pero esa no es la respuesta que él quiere y tampoco es la que quieren los fiscales en un caso de pena de muerte. Quieren oír palabras como: «demonio», «despreciable», «inhumano», «desgraciado», «basura» y «malvado».

Una vez vi un letrero en una correccional que decía: «ES TU CULPA. ERES RESPONSABLE POR TUS ACCIONES». La opinión parece válida, excepto por el hecho de que es completamente simple y no es de mucha ayuda. Es una distinción que nace de nuestro propio miedo y se niega a reconocer la complejidad del ser humano. Nos mantenemos a una gran distancia moral y decimos: «*Yo* no me uní a una pandilla. ¿Cuál es *tu* problema?». Si tan solo pudiéramos dejar la carga de nuestra propia opinión, podríamos ver con mayor claridad y luego podríamos sentir compasión.

La indignación moral es lo contrario de Dios: solo sirve para dividir y separar lo que Dios quiere para nosotros, que estemos unidos en hermandad. La indignación moral no nos lleva a encontrar soluciones, nos aleja de ellas, nos impide avanzar hacia una respuesta más compasiva para con los miembros de nuestra comunidad, que son parte de nosotros, sin importar lo que hayan hecho.

Esta es la parte más difícil de comprender, porque ¿qué puede ser más aterrador que creer de verdad que esa clase de personas son parte de nosotros? Se necesita cierto tipo de identificación que para nosotros es terrible imaginar. ¿Pero qué pasaría si, por ejemplo, para la policía no existieran los tipos malos, si solo tuvieran el deseo de proteger a la gente? ¿Qué pasaría si su única respuesta fuera: no dejaremos que te lastimes a ti ni a nadie más? ¿Qué pasaría si ese hombre sin camisa en Miami después de intentar robar un banco con un cuchillo fuese un miembro de nuestra familia, el «loco tío Louie»? Sabemos que es inofensivo, pero como se le estableció como el «tipo malo» (es desobediente, tiene un cuchillo, intenta robar un banco) siete policías decidieron acribillarlo a balazos. Nadie está allí para protegerlo o para hablar por él, pero si lo hubiésemos visto como nuestro tío Louie, su final hubiese sido diferente. ¿Qué pasaría si, entonces, insistiéramos en que todos son parte de nosotros? Todos son nuestro tío Louie, sin excepciones. «Yo soy parte de ti, tú eres parte de mí». La invitación de Cristo en mí es ver a Cristo en ti. Nadie queda afuera de esta forma de vernos entre nosotros.

En los últimos meses, dos tipos han expresado su deseo de matarme. El primero lo dijo por Facebook: «Voy a matar al padre Greg». En verdad no uso mucho Facebook, pero los cuates sí y estaban al tanto de la situación cuando el hombre vino a Homeboy un día después de haber publicado eso. Lo cachearon y un cuate del equipo pidió sentarse en mi oficina mientras él hablaba conmigo. El joven claramente tenía problemas. Sin embargo, ganó el cariño y él se fue en paz.

El otro vino con un arma, convencido de que su ex y yo le habíamos hecho una brujería. En medio de su visita, escuchó una voz que solo él pudo oír. Terminé acompañándolo a la esquina y dándole una bendición antes de que se fuera.

Hace unos años, en la portada del periódico matutino, arriba del pliegue, había un artículo de un pandillero de quince años que se sentó en un auto fuera de la corte en un pueblo del este de

Los Ángeles y mató a un agente de la patrulla de caminos de California mientras salía del edificio. La policía lo atrapó al poco tiempo. Se reportó que este chico admitió que había matado al agente «para impresionar a su pandilla». Dejé el periódico, tomé un sorbo de café y me dije: «No».

Cuando finalmente conocí a este chico, mientras estaba detenido en un reformatorio, era evidente que sufría lo que cualquiera llamaría una «enfermedad mental». En los meses siguientes, en todos los centros de detención que visité me crucé con cuates del mismo barrio que este chico. Todos decían lo mismo. «Ese chico no está bien de la cabeza», «En serio, G, le falta un tornillo». Nadie elige ser atormentado de esa manera. Era un terror diario que aparecía en la puerta y no se iba. Un cuate llamado Cisco me dijo:

—Nadie nace esclavo, pero algunos de nosotros nacimos en esclavitud.

Antes de un discurso que di una vez, un comisario de un condado grande habló a la multitud reunida. Mencionó una lista de programas que había iniciado su departamento para abordar el problema de las pandillas, que tenían la intención de «ayudar a los padres a enseñarles a sus hijos cómo tomar mejores decisiones». Esto me quedó rondando por la mente. Cuando me tocó mi turno de participar, hablé de la madre de James Holmes, el hombre que había abierto fuego y matado a muchas personas en un cine de Colorado. Durante la sentencia, ella habló emotivamente de su hijo desde el estrado:

—La esquizofrenia lo eligió, él no la eligió a ella. Pero aun así, sigo amando a mi hijo.

No todas las decisiones se originan de la misma forma. Cuando dije esto en mi charla, pude ver que uno de los cuates que había venido conmigo, sentado a una mesa en el centro de convenciones, estaba llorando. Cuando más tarde le pregunté, me dijo que se había dado cuenta, por primera vez en su vida, de que él no había elegido esa vida, ella lo había elegido a él. Su padre, sus hermanos, sus tíos, sus tías, todos habían muerto por la violencia de las pandillas.

—Sí —dice—, ella me eligió a mí.

Un cuate llamado Memo nunca conoció a sus padres y no le gusta pensar en ellos porque es muy doloroso. Después de que murieron sus padres, lo crio una tía que era famosa en el barrio. A ella la mataron cuando él tenía nueve años. Una vez le preguntaron cuántos años tenía cuando comenzó con esa vida.

—Desde el vientre —dijo con tristeza.

Memo siempre está buscando sus raíces, por un momento piensa que es japonés y otras veces está convencido de que es judío. Todos los días me saluda diciendo: *Mazel tov*. Una vez, en una reunión matutina, mencioné que el apodo que Dios le daba a su pueblo en el Antiguo Testamento era: «El deleite de Dios». Durante días, Memo saludaba a la gente de esta manera: «Buenos días, deleite de Dios», y llevó ese concepto directo al corazón. Cuando murió el padre de Shirley, una miembro de nuestro equipo ejecutivo, Memo la consoló diciendo:

—¿Sabes?, si yo fuera tu papá y estuviera mirándote desde el cielo diría: «Misión cumplida».

Una vez vi a Memo en el segundo piso de Homeboy apretándose el pecho y caminando un poco agitado.

—¿Estás teniendo un ataque al corazón? —le pregunto.

Se aprieta el pecho y vacila:

—Sí, un poco.

Antes de que yo pida ayuda, él aclara:

—En realidad, creo que estoy teniendo lo contrario a un ataque al corazón. ¿Qué sería lo contrario, G? —le digo que no tengo idea—. Me siento en paz. Bien. Feliz. No es un ataque al corazón, es… paz en el corazón.

Nadie sabe cómo, pero Memo ha llegado a un lugar donde lo que pensamos y creemos se convierte en lo que hacemos y vivimos.

Hay un himno que dice: «No me siento cansado / He llegado muy lejos del lugar donde empecé / Nadie me dijo que el camino sería fácil / No creo que Él me haya traído hasta aquí para dejarme»[9].

—◦—

Estoy esperando en el Patio C de la Prisión Folsom con «Al Bundy». Los otros presos lo llaman así, no solo porque está «casado... con hijos», sino porque, aparentemente, tiene doce hijos. Su trabajo principal en la prisión es repartir el equipo deportivo a los otros presos. Es una de las almas más buenas que he conocido, es uno de mis maestros. En palabras de la poeta Naomi Shihab Nye, ha aprendido «la tierna gravedad de la bondad» y conoce «lo desolado que puede ser el paisaje entre las regiones de bondad».

Ambos estamos esperando la llamada al patio por parte de los guardias. Se está haciendo tarde. Tres guardias que terminan su turno salen del edificio y pasan al lado nuestro. Al le pregunta la hora a uno de ellos. Él se detiene, los otros dos también y hace el gran espectáculo de mirar su reloj. Luego le dice a Al:

—Es... hora de que tengas un reloj.

Los tres guardias se van riéndose a carcajadas, pero Al se queda allí, sintiendo el pinchazo de la humillación. Le pongo mi mano en la espalda. Cuando los guardias salen, otro preso más bravo dice:

—¿Por qué no le dijiste nada? No deberías dejarle pasar esa.

Miro a Al, y se ve que hay una transformación. Al se niega a aferrarse al dolor de los insultos y rápidamente se aferra a lo contrario: el aprecio.

[9] «I Don't Feel No Ways Tired», del Rev. James Cleveland. [*Nota de la traductora.*]

—No, él se va a su hogar con su esposa y sus hijos —dice—. ¿Qué hubiese pasado si yo le hubiera dicho algo y lo hubiera enojado? Tal vez llegaría a su casa y golpearía a su esposa o a sus hijos. No. El amor debe ser la base de tu ser. Habitualmente, Al Bundy siempre sabe cómo encontrar la libertad de elegir el amor. Sus esfuerzos, en realidad, nunca son para perfeccionarse o convertirse en una «buena» persona, son para hacer que su amor, que ya es bueno, sea más perfecto y real. Más allá de las etiquetas que nos ponemos mutuamente (criminal, perdedor, chico malo), todos hacemos lo mejor que podemos para conectarnos entre nosotros. Sin embargo, debemos intentar lo que dicen las enseñanzas budistas: «Dejar las etiquetas en el pasado».

Después de la transformación de un cuate, su propia elección necesita ser constante. Un «sí» debe repetirse, profundizarse y renovarse una y otra vez; de otro modo, se convertirá nuevamente en un «no». En una vocación, en un matrimonio, en rehabilitación, no importa lo que parezcan decir tus labios, debes renovar este «sí» todo el tiempo. En Homeboy queremos gente que se relacione constantemente con su valentía, lo que Martin Luther King llamó «la fuerza del alma». No intentamos que se vuelvan «buenos», ya lo son. Solo deseamos que encuentren su bondad y que encuentren la felicidad en su «sí».

A las 7:30 de la mañana, Abel, un pandillero y aprendiz de dieciséis años, está esperando frente a la oficina de Homeboy. Desde que leyó el libro de Celeste Fremon, *G-Dog y los cuates* [*G-Dog and the Homeboys*], Abel quería tener «re-sin-tien-sa», me dijo, como la que se mencionaba en el libro. (Me tomó un tiempo darme cuenta de que hablaba de «resistencia».) Así que se levantaba temprano, corría varias millas y llegaba a la oficina antes que todos. Esa mañana, Abel camina de un lado a otro impaciente, va hacia la puerta de la oficina para ver si alguien, por alguna razón, había destrabado la puerta desde el interior y justo en ese momento pasa una patrulla de la unidad CRASH antipandillas. Los policías giran en *U* y se detiene junto a él.

—¿Quieres vernos enojados, maldita sea? —le gritan desde el auto. Abel dice que no—. No nos hagas enojar, maldito —le vuelven a gritar—. Somos la policía. ¿Qué estás haciendo aquí?

—Esperando a que llegue el padre Greg —responde Abel—. Trabajo aquí.

—El padre Greg es una basura y este lugar también —le responden.

Cuando tildamos a la gente de basura, eso hace que esté bien que hagamos lo que queramos con ella. ¿Quién es el que no encaja? Intentemos imaginar a Jesús y a Dios haciendo una lista de quiénes no están a la altura de ellos, pero entonces nos quedaríamos cortos. No podemos pensar en nadie. Cuando aceptemos esta verdad, veremos cómo el racismo, la demonización y los chivos expiatorios desaparecen en el viento como arena en un día tormentoso. El gran jesuita Howard Gray dijo: «Dios no tiene enemigos, y yo tampoco debería tenerlos».

Una vez al día, un cuate llamado Trayvon solía caminar por el segundo piso de la sede de Homeboy, aplaudir y gritar:

—Concéntrense, chicos.

Los que estaban en los cubículos asomaban la cabeza como suricatas y esta tontería siempre los hacía reír. Tray tenía veintiocho años y había pasado un tiempo considerable en prisión. Sintió el habitual «empujón» gravitacional hacia el abuso de drogas y la violencia, algo que es común cuando la crianza en un hogar no es sana. Ver a Trayvon en acción siempre me hacía preguntarme cómo había hecho para encontrar entusiasmo y humor habiendo tenido esa infancia, porque seguramente estaba huyendo de un gran problema cuando se unió a su pandilla. En Homeboy él pudo sanar muchos de los conflictos raciales que persiguen a los pandilleros cuando salen de prisión, conectarse con antiguos rivales y hacerse amigos. Esto no fue algo pequeño. Tener enemigos de pandilla es una cosa, tener desconfianza de toda una raza es otra muy distinta. Tray era este puente humano que les daba a todos la posibilidad de cruzar al otro lado hacia un lugar de hermandad.

Una vez lo llevé de viaje al área de la bahía de San Francisco, junto con Miguel. Los vuelos desde Los Ángeles son cortos, así que es una buena forma de iniciar a los cuates en los viajes aéreos, y San Francisco ofrece muchas actividades turísticas para que se interesen. Desde la isla de Alcatraz hasta el puente Golden Gate, hasta los cuates más duros siempre se llenan de placer.

Después de cenar mariscos en el Fisherman's Wharf, fuimos a Ghirardelli para tomar el helado obligatorio con caramelo caliente. Trayvon siempre fue más charlatán que el promedio. Opinaba sobre cualquier tema. Si necesitaba que me aclarara algo que hubiera dicho, me hacía algún chiste con un juego de palabras. Me encantaba que no se tomara las cosas en serio; siempre era travieso y transparente.

Mientras estábamos allí atacando esos helados gigantes, una mujer se acercó y preguntó si yo era el padre Greg Boyle. Ella estaba con su familia y me había oído en una presentación. Luego del intercambio, fingí que me molestaba un poco tanta atención.

—Bueno, por eso viajo de incógnito —digo, encogiéndome de hombros.

—O como dice mi gente —dice Tray con cara de piedra—: in-cóg-negro.

Al día siguiente, tenía que dar el discurso de clausura a unos quinientos adultos jóvenes que se habían involucrado en el programa «Enseña para América». Miguel y Trayvon solo me acompañaron en el viaje y no iban a hablar al grupo, pero mencioné su presencia cuando comencé mi discurso. Cuando terminé, los jóvenes, principalmente las mujeres, rodearon a los dos hombres. Los observé mientras los cortejaban y las mujeres se emocionaban con cada palabra que ellos decían. En un momento, desde el otro lado del salón, Trayvon me miró y le señalé mi reloj para indicarle que nos teníamos que ir.

Mientras los tres íbamos caminando hacia nuestro auto alquilado, les dije que me llamaba la atención lo interesadas que estaban esas mujeres en lo que ellos decían. Tray respondió rápido.

—Digamos que… estábamos aprovechando los beneficios de tu discurso —pero luego hizo una pausa—. Eso me hizo sentir importante, ahora.

—¿El qué? —le pregunté.

—Bueno, le dije a esas señoritas que nos teníamos que ir y cuando preguntaron por qué, las miré y les dije: «Tengo que tomar un vuelo». Nunca había dicho eso en mi vida. Me hizo sentir importante. Luego dije: «Estamos tomando el vuelo nocturno».

Amablemente le dije a Tray que «nocturno» era cuando volabas de noche y llegabas a tu destino muy cansado y sin dormir, y le recordé que nuestro vuelo salía a las cuatro de la tarde.

—Demonios —dijo—, tal vez no debí haber dicho eso entonces. En fin —agregó mientras subíamos al auto y se acomodó en su asiento—, me hizo sentir importante.

Nadie sabe lo que sucedió cuando balearon a Trayvon en un pícnic unos meses después. Demasiadas armas. Demasiada oscuridad. Si tan solo pudiéramos hacerle caso y «concentrarnos, chicos». En esa funeraria repleta, en Inglewood, le dije a la gente que Tray tenía un vuelo que tomar.

Si un día eres un pandillero, siempre serás un pandillero. Si un día eres un delincuente, siempre serás un delincuente. Si un día eres un guardia malhumorado, siempre lo serás. Ellos son «los otros» y seguramente pertenecen al grupo de *ellos* y no a *nosotros*. Ellos son «los monstruos de la periferia». Pero la realidad es que todos pertenecemos al mismo lugar y pertenecemos a este Dios tan grande que tenemos que creer que no existen los tipos malos, solo hijos amados.

Llevé a Kenneth y a LeQuan a Washington, D.C., en noviembre para hablar en la Preparatoria Georgetown, una escuela privada en North Bethesda, Maryland. Al traer a los cuates a estos viajes intento resaltar que ellos son los héroes de sus propias historias y que esas historias son importantes. Kenneth estaba empacando su maleta para el viaje y su hijo más pequeño le preguntó a dónde iba.

—A un viaje de negocios con mi jefe —le dijo Kenneth.

—¿El hombre blanco, viejo y gordo de barba blanca? —preguntó el niño. (Nuevamente, muchas gracias.)

Unos días después, los tres estábamos en los escalones del monumento a Abraham Lincoln. Kenneth mira el estanque que se extiende hacia el monumento a Washington y de pronto parece darse cuenta de dónde está.

—¡Guau! *Este* es el lugar —dice.

Me doy cuenta de que está conmocionado. De pronto grita fuerte, a nadie en particular:

—¡Jen-ny! —y después de un momento responde a su propio grito—. ¡For-rest!

Yo estaba pensando, tal vez, que iba a decir «Yo tengo un sueño...», no que pensaba en *Forrest Gump*...

Más tarde, fuimos caminando al Instituto Smithsoniano. Teníamos ropa ligera y no estábamos preparados para la temperatura tan fría. Cuando estábamos parados en un cruce peatonal esperando que cambiara la señal, dando brincos para entrar en calor, LeQuan comenzó a cantar el villancico navideño que dice: «es la época más maravillosa del año». Kenneth y yo lo miramos sorprendidos. No era exactamente una canción que se escuchara en el barrio (LeQuan vivió mucho tiempo en hogares de acogida con gente blanca); sin embargo, fue una expresión perfecta de lo que esos dos estaban sintiendo en el viaje alentados por la ovación que recibieron en un gimnasio lleno de adolescentes. Fueron heroicos al contar sus historias y al superar evidentemente los horrores que contaron.

En Homeboy había un cuate llamado Nando, que se estaba acostumbrando a su nueva vida. Acababa de salir de una correccional a los diecisiete años, trabajaba medio tiempo, llegaba temprano y lavaba las ventanas, pero evitaba cualquier tarea odiosa, como limpiar los urinarios. Los chicos que llegan de correccionales tienen muchas cosas a las que acostumbrarse cuando llegan a Homeboy por primera vez. Cuando les preguntas sus nombres, por ejemplo, instintivamente responden:

—Martínez, Sergio —con esa forma estricta en que dicen «Señor, sí, señor». Yo les digo que ya no tienen que volver a contestar así; aquí primero se dice el primer nombre. Una vez, un chico que acababa de salir de una correccional y solo llevaba unos días con nosotros, se puso firme en la puerta de mi oficina y dijo:

—Señor, permiso para acelerarme para hacer una sentada.

Le recordé que aquí nadie necesitaba aprobación para utilizar el baño.

Nando pasaba las mañanas en nuestra escuela alternativa, Aprende Oficios en Homeboy, y llegaba a la 1:00 p. m. para empezar a trabajar. Un día, hubo un salto evidente en su ser, cuando entró corriendo a mi oficina y se sentó en la silla frente a mí. Arrojó en mi escritorio una boleta amarilla doblada, gastada y húmeda de tanto manoseo, con los bordes de los pliegues oscurecidos por el sudor.

—Le estoy mostrando esto a todos —me dice—. Es decir, nunca tuve una boleta de calificaciones como esta.

Abrí la boleta con cuidado, como si fuese una reliquia histórica. Las calificaciones no eran nada del otro mundo, pero intento seguirle su entusiasmo diciéndole: «¡Guau!». Mis ojos no pueden evitar leer donde dice que llegó tarde nueve veces y faltó otros cinco días durante el periodo de clases.

—O sea, *nunca* en mi vida tuve una boleta como esta —continúa Nando—. Se la estoy mostrando hasta a gente desconocida.

Mientras muestra una sonrisa grande y constante, yo comienzo a leer la columna de los comentarios. Entre las críticas escribieron: «bastante alborotador» y «muy charlatán». Tengo ganas de decirle que no falte a la escuela, que no llegue tarde, que cierre el pico. Sin embargo, no puedo hacerlo. Algo nuevo está sucediendo. Nando apenas está apareciendo en su vida y este es el certificado de su mérito. No hay ningún villano a la vista, ningún tipo malo, solo abunda el heroísmo. Esta boleta es la credencial de honor que le recuerda que su vida es viable, que la ternura es posible y que, de algún modo, la esperanza revive en este optimismo sorprendente.

Sí, le digo, muéstrasela a todos los que veas.

Capítulo ocho
Los creyentes

Hace poco en una entrevista para una revista le pidieron a Whoopi Goldberg que dijera quién es la persona viva que más admira. Ella respondió:

—El Papa Francisco. Sí... él va por el lado del diseño original.

Cuando menciono esto en mis charlas, la multitud siempre responde de la misma manera: con risas y aplausos. Esto es porque la gente sabe cuál es el «diseño original», lo reconocen y se conectan con él. Lo entienden.

La gente sabe que el «diseño original» es vivir el evangelio con alegría y siempre pensar en los pobres. Sabes que es una invitación hacia la periferia, sabiendo que si nos paramos allí, los límites desaparecen. No se trata de subirse al estrado para hablar de ciertos temas, sino de estar en el lugar correcto, con los excluidos y los demonizados. Cuando Jorge Mario Bergoglio fue elegido Papa y tomó el nombre de Francisco, el cardenal Cláudio Hummes, de Brasil, le dio un abrazo y le dijo:

—No se olvide de los pobres.

Y, sin duda, no se ha olvidado.

Si bien hoy el Papa Francisco moviliza el sentido del diseño original, Pedro Arrupe lo hizo conmigo cuando entré a los jesuitas en 1972. Él era el general superior de la Sociedad de Jesús en ese momento y permaneció en ese cargo hasta justo antes de que yo fuera ordenado. Él era todo lo que los jóvenes jesuitas aspirábamos a ser: simple, santo y luminoso. Era famoso por haber servido a las víctimas del bombardeo en Hiroshima. Luego del desastre, corrió entre los escombros que había dejado la bomba, solo deseando ayudar a quienes afrontaban ese sufrimiento impensable. Mi generación imitó el mismo deseo de correr hacia los daños que deja una bomba, y no en sentido contrario.

En el verano de 1976 tenía una organización comunitaria en el Bronx con mi buen amigo y hermano jesuita Kevin Ballard. Cuando oímos que Pedro Arrupe daría un discurso en Filadelfia, inmediatamente conseguimos un auto y llegamos al evento quince minutos antes. Yo había bebido mucho café durante el viaje, así que ni bien estacionamos, pedí que me indicaran dónde estaba el baño. Acabé en un sótano casi en penumbras e intenté seguir la poca luz que había. Luego lo vi a él: Pedro Arrupe, parado debajo de un foco, brillante como una estrella en la noche de Navidad. Me acerqué a él. Estaba radiante, emanaba una serenidad sublime que me atraía. Cuando estaba a su alcance, tomó mis manos como si me hubiese estado esperando. Supe que estaba en presencia de alguien que podía leer mi corazón y mi alma a simple vista. Sostuvo mis manos, me miró a los ojos y dijo dos palabras:

—¿El baño?

Asentí como un menso. Él señaló al final del pasillo y ese... fue todo mi encuentro con Pedro Arrupe.

En fin... años después, Pedro Arrupe, de visita en Brasil, conoció por casualidad a un hombre muy pobre que lo invitó a su casa, en una favela cercana. Explicó que tenía un regalo para el sacerdote, así que Arrupe lo acompañó y este hombre lo llevó a la choza donde vivía con su esposa y sus hijos. Era tan improvisada, pequeña y pobre que Arrupe se quedó sin palabras. Se conmovió tanto que sus ojos se llenaron de lágrimas. El hombre le mostró una gran abertura en la pared, no era una ventana, solo era un hueco, y le señaló a través de él. Era una puesta de sol. El único regalo que podía darle era esa vista. Don Pedro después dijo:

—Sé que aprendemos más cuando visitamos a los pobres.

La vista desde allí es lo que obtenemos.

Ese panorama puro, simple y lleno de amor es el motivo por el que nosotros, los creyentes, nos sentimos atraídos hacia el diseño original. No es una mirada liberal ni conservadora, es una mirada santa y radical, precisamente porque se toma en serio lo que Jesús consideró importante: la inclusión, el pacifismo, la incondicionalidad, la compasión, el amor, la bondad y la aceptación. Los creyentes se encuentran atraídos como mariposas hacia la llama de su autenticidad. Cuando aceptamos esto, descubrimos que la verdadera espiritualidad no debe terminar encerrada en la privacidad del alma, sino en la hermandad real con los pobres. Si podemos tener una relación salvadora con las personas de la periferia, veremos cosas que nunca hemos visto y eso se convertirá en nuestro pasadizo.

Los creyentes, el pueblo de Dios, encuentran su verdadera valentía cuando pueden repetir las palabras de Jesús: «No temas». Un cuate una vez me dijo que esa frase se menciona 365 veces en toda la Escritura, «una para cada día del año». Otro amigo mío tiene un mantra: «No tengas miedo por mí». Dice esto como un rezo para llenar los espacios vacíos. Elegir no tener miedo por los demás despierta en nosotros un corazón valiente y nos impulsa a ser generosos para que nazca en nosotros la verdadera alegría.

Oso era un vato gigante que le hacía honor a su apodo, pero no por ser una amenaza, sino por lo tierno y cariñoso. Los más jóvenes lo querían mucho y lo idolatraban, lo que no me molestaba porque admiraban que era un esposo, un padre y un hombre íntegro, a pesar de la lealtad que había tenido para con su pandilla. Él creció en su barrio y, más tarde, vivió allí con su esposa e hijos, intentando alejarse de la vida criminal de las pandillas.

El barrio a veces se ponía «caliente», pero él no quería mudarse.

—Crecí aquí —solía decir—. Es mi hogar, no me voy a ir.

Algunos nos sorprendimos mucho cuando nos enteramos de que, mientras regaba el césped del frente de su casa una noche, después del trabajo, recibió una lluvia de balas disparadas desde un auto en marcha. Casi pierde la vida y luchó en terapia intensiva por un tiempo hasta que finalmente lo llevaron a una habitación común de hospital para que se recuperara.

Un día, cuando fui a visitarlo, me encontré con Shorty y Magoo, dos cuates que estaban haciendo guardia junto a la cama de Oso. A pesar de que solo tenían cinco años de diferencia, lo tenían en un pedestal muy alto, un ejemplo brillante del hombre en quien ellos querían convertirse. Un verdadero hombre se ve como Oso, pensaban.

Aunque había tubos y monitores por todos lados, pude ver que estaba fuera de peligro. Durante todos estos años al haber visitado a muchos cuates que han recibido disparos, ya conocía la escena. Shorty y Magoo, sin embargo, estaban fuera de sí, convencidos de que era el fin. No les importaba lo que yo dijera para tranquilizarlos. Estaban abrumados, no solo por la idea de la mortalidad de su amigo, si no por el recordatorio de su propia mortalidad.

En ese momento, Oso abrió lentamente los ojos y sonrió cuando nos vio.

—Magoo. Shorty. G —dijo con voz ronca—. Gracias por venir.

Incluso medio sedado debe de haber visto a estos dos sentirse acorralados por la gravedad de la muerte, porque a los pocos minutos miró a Magoo y le dijo con cierta dificultad:

—Magoo.

En respuesta, Magoo tomó la mano de Oso como se la toman los cuates y miró a su amigo con intensidad. Claramente, Magoo pensó que venía el pedido final en su lecho de muerte («Cría a mis hijos», «Cásate con mi esposa»), y se inclinó hacia él junto con Shorty.

»Magoo —susurró Oso otra vez—, ¿pusiste tu mano debajo de las sábanas y… me tocaste el pene?

Después de una pausa incómoda, nos reímos a carcajadas.

Magoo soltó la mano de Oso y murmuró:

—¡Tonto!

—Está bien si lo hiciste —agregó Oso—. No hay nada de qué avergonzarse.

—Hijo de perra —dijo Magoo, dando otro paso hacia atrás y alejándose de la seriedad de lecho de muerte, riéndose al decirlo.

Mientras seguíamos riéndonos, vi que Oso cerró los ojos y se volvió a dormir, con una sonrisa inconfundible en el rostro. Ahora pienso: Hijo de perra, él no tenía miedo por ellos. Vio el terror que tenían sus amigos y logró desatar el nudo de la forma más hábil y desinteresada que he visto. Su generosidad se llevó todo el miedo y permitió que el amor llenara el vacío. Construyamos una catedral en este lugar.

Un día, escuché que un cuate, dando una visita guiada por nuestras oficinas, le dijo a su grupo:

—Aquí, en Homeboy, nos reímos desde el estómago.

Esto no es algo pequeño, es una risa que viene desde el lugar más profundo, no hay nada falso ni superficial. Mientras que a veces debemos luchar con la cruda realidad del mundo y cargar todos nuestros problemas, reírnos desde el estómago nos asegura nuestra supervivencia. Homeboy Industries se sostiene, verdaderamente, de su humor, riéndose de uno mismo y de todo; así es como una comunidad logra estar unida mientras acompaña a la gente en situaciones muy difíciles. He aprendido que las tonterías tienen su lugar en lo sagrado y en la unidad de los creyentes.

He pasado más tiempo del que puedo contar en mi auto con pandilleros, llevándolos a citas, conferencias o, simplemente, intentando alejarlos de los problemas. En todos los viajes abundan las carcajadas, rugidos de diversión causados por las tonterías sin límites. Una vez, salíamos de comer de Jack in the Box y los cuates comenzaron a reírse tan incontrolablemente con sus vasos gigantes de gaseosa que uno del asiento trasero se ahogó y comenzó a toser, con el síndrome del «conducto equivocado». Un cuate que estaba al lado comenzó a gritar exagerando el pánico:

—¡Llamen al 411! ¡Llamen al 411!

—¿Te refieres al 911? —le grité.

—Bueno, ¡llama al 411 para que te den el número del 911!

Nos asfixiamos más de la risa.

Como iglesia, como los creyentes, no debemos detenernos hasta encontrar nuestra alegría. No de una forma cruel y despiadada, sino de una forma que sea genuina y determinada. Debemos elegir la alegría en su deleite constante. Después de todo, los seres humanos somos los que más nos preocupamos e inquietamos. El deleite es un antídoto al estrés tóxico crónico que cargan los marginados.

Una vez, un cuate me dijo:

—Me han disparado a quemarropa, me han apuñalado muchas veces, estuve con respirador artificial, me atacaron y me golpearon. Si alguien quiere venir por mí, adelante. No me importa nada. No tengo ni un poco de miedo. Adelante —hizo una pausa, emocionándose un poco—. Pero méteme en un cuarto solo con un consejero y pregúntame sobre mi infancia. Eso me asusta muchísimo, porque sería solo un niñito en un cuarto enorme.

En el evangelio de Lucas, Jesús dice que vendrán terremotos, plagas y escasez, pero nos dice: «No tengan miedo». No es una promesa, es una orden. Te enseñaré a ver el miedo como yo lo veo, dice, para que puedas vencer eso que te asusta. Cuando la vida nos arroja un cuchillo, podemos tomarlo por el filo o por el mango. Podemos observar directamente la oscuridad aterradora de lo que hemos pasado en la vida y tomarla por el mango, enfrentarla con la bondad como lo hizo Jesús. De pronto, las plagas y los terremotos ya no son una amenaza cuando se encuentran con semejante amor.

Celebré una misa de quinceañera con dos chicas que eran primas. Al final de la misa, las chicas y su cortejo salieron mientras sonaban los mariachis. Le pedí a otros dos, un niño y una niña, que tomaran los dos almohadones en forma de corazón en los que se habían arrodillado las chicas durante la ceremonia y salieran con ellos en el cortejo. Ambos tenían alrededor de seis años, la niña tomó su almohadón y recatadamente comenzó su camino por el altar. Sin embargo, el niño estaba fuera de sí por el entusiasmo, tan feliz de tener un deber, que tomó el almohadón y, antes de voltearse para salir, lo levantó hacia mí, radiante y sonriente.

—¡Este es el tamaño de su corazón! —dijo.

Se dio vuelta y se fue triunfante. Yo me quedé sorprendido, no solo porque en realidad mi corazón es bastante más pequeño de lo que este niño pensó, sino por cómo alguien tan pequeño puede ser tan hábil para quitar lo que no soy. Él logró sacar de mí la belleza y el favor, como un mago con un sombrero de copa y un ramo de flores. ¿Cómo lo hizo? El teólogo Jean Vanier escribe que adoptar la ternura es la mayor señal de madurez espiritual.

Otro gran jesuita, Dean Brackley, quien murió muy joven, una vez contó el emotivo encuentro con su heroína, Dorothy Day,

cuando tenía veinte años y estudiaba para ser sacerdote. Cuando él le preguntó cómo vivir el evangelio, ella simplemente respondió:
—Mantente cerca de los pobres.

Supongo que podría haber dicho ayuda a los pobres, rescátalos, sálvalos, pero no: mantente cerca de los pobres. La invitación no es a romantizar la pobreza, sino a reconocer que una pieza esencial de nuestra propia salvación está ligada a nuestra cercanía con los marginados. El teólogo jesuita Jon Sobrino dice algo similar en su libro con un título provocativo: *Fuera de los pobres no hay salvación*.

Una de nuestras tutoras en Homeboy, la Srta. June, está dirigiendo un salón lleno de estudiantes a quienes les está enseñando a llenar formularios. Ella es una mujer americana-japonesa pequeña, una maestra jubilada que trabaja como voluntaria una vez a la semana para ayudar a los cuates con la lectura. Uno de los tantos cuates con los que trabaja se llama Fili. Cuando el formulario le pide su altura, él no sabe cómo responder, ya que está en silla de ruedas por un disparo que recibió; sentado derecho, mide unos tres pies [poco más de noventa centímetros]. La Srta. June le pide que extienda bien los brazos hacia los costados y lo mide de una punta de los dedos a la otra.

—Tienes seis pies de altura [1.82 m] —le dice con total naturalidad.

Yo no sabía que la longitud de los brazos es igual que la altura. Parece que la verdadera altura de nuestro amor se mide en qué tan ampliamente podemos extender nuestros brazos con generosidad. A veces, en el margen aprendemos lecciones que no podríamos aprender en ningún otro lado. Allí es donde los creyentes encuentran su verdadera altura.

Un preso que estaba en el corredor de la muerte una vez me dijo que, a pesar de su reclusión física y su tiempo limitado, había decidido ya «no estar encerrado». Y ya no lo estaba. De hecho, he conocido a muchos que dejaron su prisión mucho antes de dejar la cárcel. Una vez le pregunté a uno cómo lo manejaba y me dijo que encontraba su camino rezando. Él sabía, incluso desde donde estaba sentado, que rezar nos ayuda a entrar al mundo, no a huir de él. Mantenerse cerca de los pobres nos muestra un punto de vista completamente nuevo.

El primer funeral que hice como sacerdote fue en Bolivia. El difunto era un hombre llamado Luis, y era un campesino. Cosechaba flores para el mercado al aire libre en el pequeño pueblo de Tirani, en la cima de la montaña, donde casi todos estaban en el negocio de las flores. No lo conocía ni a él ni a su esposa, María, pero me había convertido en algo así como el sacerdote de la región, donde servía principalmente a la comunidad de Temporal, que está al bajar la montaña y cerca de Cochabamba. Como en la mayoría de los lugares de Latinoamérica y los lugares pobres, si mueres un martes, te entierran un miércoles. Mientras María y yo esperábamos que los sepultureros bajaran a Luis después de que todos se hubieran ido, ella comenzó a llorar desconsolada. Pronto entendí que junto con su dolor y su pérdida acumulaba un sentido profundo de vergüenza y culpa. Luego me reveló que ella y Luis no se habían casado por la Iglesia y ahora ya era muy tarde. En ese momento, abrí mi libro en la ceremonia de bodas. El ataúd tenía una ventanita por la que podíamos ver a Luis, que se veía incómodo con la corbata y el cuello blanco almidonado extremadamente alto. Era un atuendo que debería haber vestido en… bueno, en su boda. Le pedí a María que pusiera su mano sobre el vidrio y repitió después de mí:

—Yo, María, te tomo a ti, Luis…

Apenas podía hablar, sus palabras estaban empapadas de emoción y lágrimas. Luego llegó la parte del hombre, este iba a ser un desafío.

No sé exactamente cómo describir lo que sucedió después. Me sentí como el ventrílocuo Charlie McCarthy. No imité la voz, pero sí hice como un susurro mientras tomaba el papel de representante de Luis.

—Yo, Luis, te tomo a ti, María…

Coloqué mi mano suavemente en la ventana de vidrio como si la ceremonia me indicara que lo hiciera. Pronto terminamos y ellos estaban casados o, sin darme cuenta, yo me había casado con María. Sin embargo, había sucedido, ella se sentía libre, al igual que cualquier personaje del evangelio. Levante la mano el que crea que Dios o Jesús hubiesen tenido un problema con este intercambio de votos ventrílocuos.

Exactamente. Diseño original.

Una vez me contaron la historia de un cuate que iba en la Línea Oro del tren. Aparentemente, estaba tan inquieto y ansioso que un anciano negro se levantó y se sentó junto a él.

—Veo que estás preocupado por algo —le dijo amablemente.

El cuate le habló a este extraño como nunca antes había hablado con alguien. Le contó todos los momentos tristes, las desilusiones y los errores. El consejo de este anciano fue simple:

—Mantente cerca de tu corazón y estarás bien.

Dios está en cada bondad.

El fundador de la medicina académica, William Osler, escribió: «No me interesa conocer la enfermedad que tenga la persona, sino conocer a la persona que tiene la enfermedad». En definitiva, esa es la diferencia entre llevar la antorcha y ser la antorcha. Cuando brillamos poco, la oscuridad no necesariamente desaparece, pero tampoco parece que se irá, eso es lo inexplicable que te sucede y te hace sentirte «un niñito en un cuarto enorme», pero ahora se fusiona con la luz. Lo terrible se vuelve brillante, no se destruye, pero se convierte en su propio combustible, su propio tipo de iluminación.

Hace años solía llevar a Pato, uno de nuestros panaderos, a su casa después de su turno. Siempre salía de la misma manera. Abría la puerta y, con un pie afuera, me miraba y decía:

—Hoy fue un día hermoso. Mañana será aún mejor.

Ser la antorcha, sin temor, te permite decir algo como eso. La santidad de los creyentes, entonces, es ser valientes para los demás, no tener miedo de quitar el temor paralizante de un alma y asegurarle que todo estará bien. Después de todo, Jesús no aprobó el miedo de los discípulos cuando entró en ese cuarto cerrado después de la crucifixión. Él abrió las cortinas, las ventanas, quitó el cerrojo de la puerta y dijo: «*Ándale*».

En el evangelio de Juan, Jesús se despide y nos consuela diciendo: «No los dejaré huérfanos». *Huérfano* es una palabra llena de significado, especialmente en Homeboy Industries, donde casi todos lo son. Sin duda, la palabra obtiene mucho de su peso del pacto bíblico inicial entre Dios y su pueblo. Por esta razón, como la mayoría de las declaraciones de Jesús en los evangelios, «no los dejaré huérfanos» no solo debería llenarnos de consuelo, debemos recibirla como una invitación. Parece decir: «Así como yo no los dejaré huérfanos, ustedes tampoco dejen a nadie solo». Estamos llamados a escuchar en estas palabras una invitación a salir a buscar a los desolados, los rechazados y los abandonados para caminar hacia ellos con los brazos abiertos y traerlos a un lugar de pertenencia. Esta es la tarea principal de los creyentes.

Gabino e Israel son dos cuates que llevé a Knoxville, Tennessee, para hablar en el programa de verano de la Fundación Defensora de los Niños, en la granja Haley. En ese momento, Gabino es el empleado más bajito de HBI. Es perspicaz y ágil, siempre tiene una respuesta ingeniosa para casi todo. Israel es el más alto de HBI, pero un tanto lento para comprender. «Benitín y Eneas» también son enemigos y es la primera vez que viajan en avión. Cuando salimos hacia el aeropuerto, veo que Israel está muy entusiasmado por nuestro viaje. Esto siempre es algo bonito de ver, hasta que entramos en el auto y, de pronto, mi Toyota Corolla huele como una cervecería. En ese momento supe de dónde venía la efervescencia de Israel.

El viaje en el auto es silencioso. Me preocupa que será un viaje muy largo si estos dos rivales no pueden ir más allá de la distancia artificial que se les ha impuesto, pero el terror común de volar siempre es un nivelador confiable. En un avión pequeño, en un vuelo de conexión a Knoxville, Israel va al baño pero no puede activar la luz que indica que está ocupado. Cuando la azafata lo advierte y ve que el desgarbado Israel acaba de entrar, anuncia por el altavoz: *Para encender la luz del baño, debe ponerle el cerrojo a la puerta.* Él regresa a su asiento, colorado. Pronto el espacio entre él y Gabino desapareció al compartir las risas y la humillación. Más tarde, cuando Israel ve que el piloto deja la cabina para ir al baño, Gabino es quien lo tranquiliza, ya que Israel creía que ese era el único piloto que estaba volando el avión.

Al día siguiente, en el panel de discusión en la granja Haley, cada hombre toma su turno al micrófono. Israel se paraliza y sus historias se enmarañan. Aun así, Gabino le arroja un salvavidas más de una vez. Él no deja atrás a su «enemigo» y atrae a este huérfano hacia la conexión y la inclusión.

Esta conexión se hace más fuerte cuando estamos en el vuelo de regreso, a punto de aterrizar en Los Ángeles. Estamos casi a diez minutos, el día está despejado y glorioso. Israel está junto a la ventana, Gabino está en medio y yo estoy junto al pasillo, los tres haciendo un esfuerzo para ver la ciudad.

—Oye, Israel, allí veo tu casa —le digo.

Ni siquiera sé dónde vive, pero él mira por la ventana con más intensidad. Gabino interviene, siguiéndome la corriente.

—Allí está tu mujer frente a tu casa.

Israel mira aún más.

—Espera un momento —agrego—. ¿Quién es ese tipo que está besando a tu mujer frente a tu casa?

Gabino me responde con un jonrón con las bases llenas.

—Espera, ¡puedo leerle los labios! Está diciendo: «¡Apúrate, el avión de Israel está por aterrizar!»

Gabino y yo nos reimos, orgullosos de nuestro ingenio. Finalmente, Israel se despega de la ventana y nos mira.

—Espera —le dice a Gabino—, ¿puedes leer los labios?

Consuelo e invitación. Nos alejamos del aislamiento y la distancia de tener enemigos para acercarnos a la pertenencia que Dios quiere para nosotros. «No los dejaré huérfanos», ahora vayan y hagan lo mismo.

Un cuate que estaba soñando despierto en mi oficina dice:

—Oye, G, vayamos a Roma.

—Claro, me encantaría —le digo.

—Imagínate —dice con una sonrisa—, veríamos al Papa Francisco en esa especie de balcón... —se pone de pie y extiende los brazos, fingiendo algo así como un acento papal—. Homeboy Industries huele a oveja.

Me sorprende que conozca esta referencia del Papa Francisco pidiéndole a sus «pastores» que salgan de sus oficinas para poder «oler a oveja». El cuate no necesita ningún esfuerzo para percibir el olor o la oveja, él sabe que lo que es «original» en el diseño es la gran preocupación por los marginados que han estado vagando o han sido excluidos. Él conoce ese olor.

En las Escrituras hay doscientas referencias que nos piden ocuparnos especialmente de los pobres. Entonces, calculo que es algo importante. Este cuidado preferencial y amor por los pobres sienta las bases del diseño original. No dibuja límites, los borra, se eleva por encima de la temperatura polarizada de nuestros tiempos. No le sacude el dedo a nadie, sino que, en su lugar, nos ayuda a todos a poner nuestras manos allí. Supongo que podemos preguntarnos si Dios es conservador o liberal, pero creo que esa no es la pregunta correcta. En lugar de eso, debemos preguntarnos: ¿Dios es extenso o diminuto? ¿Es amplio o poco profundo? ¿Es inclusivo o exclusivo? ¿Qué posibilidades hay de que Dios tenga el mismo punto de vista diminuto que tengo yo? Bueno, cero. Los creyentes pretenden desafiar las políticas del miedo y la postura que limita nuestra percepción de Dios. Creen que una serie de prioridades impulsada por el amor iluminará nuestra propia bondad y revelará la nobleza innata, que Dios tanto desea mostrarnos. Esto nos invita a acercar al mundo a lo que Dios puede haber tenido en mente. Y los pobres son nuestra guía segura en esto.

La relación original del pacto en la Biblia hebrea, el verdadero diseño original, decía algo como esto: «Así como te he amado, tú también debes tener un amor especial, preferencial y favorito por la viuda, el huérfano y el forastero». Dios sabe que estas personas conocen lo que es estar aisladas y, como conocen este sufrimiento, Él les tiene confianza para que nos guíen al resto de nosotros hacia el nacimiento de una nueva inclusión, al carácter recíproco de la hermandad: el sueño de Dios hecho realidad.

Cuando el evangelio conecta con nuestro corazón y nos encontramos en la «periferia», los que están allí se pueden preguntar qué estamos haciendo. No están acostumbrados a nuestra presencia en su espacio. Aunque, al final, la medida de nuestra compasión con lo que Martin Luther King llama «los últimos, los inferiores y los olvidados» no depende tanto de nuestro servicio hacia los marginados, sino de nuestra voluntad para vernos en hermandad con ellos. Esto habla de una hermandad tan rica que hasta es capaz de borrar esa línea que nos divide entre el que provee un servicio y el que lo recibe. Dios nos envía a los marginados *no* para hacer una diferencia, sino para que ellos *nos* hagan diferentes a nosotros.

Mike Kennedy, mi superior hace varios años, solía preguntar a sus hermanos jesuitas:

—¿Quiénes son tus amigos? ¿Tus amigos están con los pobres?

Emily fue la recepcionista de Homeboy muchos años. Ella creció en los proyectos de vivienda pública y utilizaba con sus hijos las mismas palabras que su mamá utilizaba con ella cuando regresaba a su casa a altas horas de la noche:

—Dime con quién andas y te diré quién eres.

Ignacio dice: «Ver a Jesús parado en un lugar humilde». El lugar humilde es el sitio de nuestra verdadera liberación. Caminar con los pobres, que son nuestros amigos, es transformador para ambos y anuncia al mundo algo radicalmente nuevo. Jesús dice que los pobres entrarán en esta hermandad antes que el resto de nosotros, porque eso es lo que hacen los guías, van delante nuestro, nos hacen entrar.

Un cuate, en una reunión del concejo municipal, les habló como si fuesen los representantes de toda la sociedad.

—Ustedes se dieron por vencidos conmigo, incluso antes de conocerme —dice.

Esto nos alienta a pararnos junto con el recaudador de impuestos, la prostituta, la viuda, el huérfano y el extranjero, precisamente porque ellos son los juzgados, los chivos expiatorios y los inferiores, a quienes se les quitan las oportunidades mucho antes de dárselas. La causa principal de sufrimiento de un leproso no es la picazón molesta y apestosa de esa enfermedad en la piel, es tener que vivir en las afueras de la ciudad. Por eso el llamado es a estar con ellos para que desaparezcan los límites y ellos vuelvan a ser aceptados. Jesús no lo piensa dos veces: Él toca a los leprosos antes de llegar a sanarlos.

Cuando trabajé en Cochabamba, Bolivia, después de que me ordenaron en 1984, viví con jesuitas. Mi trabajo en la casa, por haber sacado la pajilla más corta, era recoger el pan todas las mañanas. Ahora bien, en 1984 Bolivia estaba en medio de una crisis económica. Era el país más pobre del hemisferio occidental, y el pan era un alimento de primera necesidad. Comenzaba a las 4:00 a. m. a hacer cola con los sirvientes de los ricos para esperar nuestra ración diaria de panes. Me sentaba allí en la vereda en el frío amargo de Bolivia, cubierto con varias mantas, recostado contra una pared de adobe por tres horas como si fuese el Desfile de las Rosas en California o el estreno de la última película de *La guerra de las galaxias*. Cuando el pan se acababa, todos los comerciantes giraban la mano como en el saludo de una reina a sus súbditos para indicar que no quedaba nada.

Una tarde, estaba esperando un autobús. A unos pies (metros) de distancia, sentado en la vereda, había un mendigo ciego sosteniendo un sombrero roto, a la espera de que alguien le diera algo de limosna. El tráfico se detuvo en el semáforo y un camión se paró directamente frente al ciego. Era un camión abierto, lleno de campesinos cansados y llenos de tierra. Uno de ellos vio al mendigo, buscó en su pequeño morral y sacó una rebanada de pan boliviano. Sin más, dejó caer todo de una vez justo en el sombrero del hombre. El mendigo sintió el impacto, encontró el pan, se lo acercó a la nariz y luego lo alzó en alto, agradeciendo a Dios y al dador, que ahora sabía que era uno y el mismo.

Dorothy Day afirma que «la solución es amor y más amor» y, es cierto, el amor quita todo el temor. El llamado a los marginados, guiado por quienes encontramos allí, es apasionante y vivificante, renueva nuestra nobleza y nuestro propósito. Todos anhelamos esto. Este es el tiempo de dejar de lado el temor y las excusas para encontrar nuestra conexión humana en la periferia, donde se debe llevar a cabo el diseño original. Los creyentes no se sienten asediados ni con necesidad de «defender la fe». Después de todo, seguir a Jesús siempre está más relacionado con nuestra vida, que con nuestras palabras.

A principios de los noventa, cuando era párroco de la Misión Dolores, las mujeres de los proyectos idearon una campaña para quitarles las armas a sus hijos pandilleros y mantenerlos a salvo. Hubo grandes concentraciones en el parque infantil de Pico Gardens, donde las mujeres se pararon en una plataforma grande con un gran latón de basura y un micrófono y les pedían a otras madres que entraran a las habitaciones de sus hijos, levantaran los colchones, tomaran las metralletas Uzi y las arrojaran a la basura. Algunas madres hasta lo hacían en la concentración, pero la mayoría me llamó discretamente durante la semana.

—Oye, padre —decían—, tengo unas mantas —guiño, guiño— para donar a los indigentes que duermen en la iglesia.

Yo las iba a buscar, y digamos que eran mantas muy pesadas. Las concentraciones se volvieron un evento tan importante en el barrio que hasta los niños traían sus armas de juguete para tirarlas.

Dianne Feinstein, durante su candidatura fallida para gobernadora en 1990, supo de las concentraciones de estas mujeres y quiso participar. Su gente me llamó para pedirme permiso para reunirse con las organizadoras y, aunque les aseguré que yo no era más que el «conserje» en este asunto, les dije que enviaría el mensaje. Supongo que creí que las mujeres se sorprenderían por la invitación.

—¿Dianne Feinstein quiere reunirse con *nosotras*? —podrían haber preguntado asombradas, pero nada de eso, fueron claras y unánimes. Dijeron en español:

—Si quiere venir a escucharnos, dile que venga. Pero si va a venir a decirnos qué hacer en nuestra comunidad con la violencia de pandillas, dile que no venga.

Feinstein nunca vino, supongo que tuvo miedo de que esto se convirtiera en una sesión de fotos del infierno, las viudas mostrándonos el camino al resto. El Papa Francisco escribe que «nuestra credibilidad se pone a prueba en el Evangelio de los marginados». La esencia de nuestra credibilidad no está en que rescatemos o salvemos a los pobres, sino en que nos rindamos con humildad a su liderazgo y los escuchemos. Mi director espiritual, Bill Cain, dice: «Revestirse de Cristo es la parte fácil, pero no quitárselo nunca… ese es un verdadero desafío».

Conocí a un chico, Carlos, que creció en los proyectos, se unió a una pandilla y luego se metió en grandes problemas. Al final, fue a prisión por un tiempo y luego lo deportaron. Aunque había venido a los Estados Unidos desde El Salvador en brazos de su madre cuando tenía dos años, para él su tierra natal era un país ajeno. Yo hablaba español mejor que él. Tenía veinticinco años y lo obligaron a dejar a toda su familia en Los Ángeles, incluso a su mujer y a su hija de tres años.

Recibo muchas llamadas de aquellos a los que llamo mis «queridos deportados», que son cuates que han sido enviados de regreso a sus lugares de nacimiento. Muchas veces me contactan porque necesitan dinero. Carlos llamaba regularmente.

—Diablos, G, El Salvador es pobre. Es el tercer país del mundo.

—¿Quieres decir un país del Tercer Mundo?

—Sí, eso.

Pasaron varios meses en que no tuve noticias de Carlos… hasta que un día llamó para decirme que, para mi sorpresa, estaba de nuevo en Los Ángeles y necesitaba verme, así que lo pasé a buscar por la casa de su mujer en Pico Rivera. Lo conocía desde que era un niño gordito y esa era la imagen que guardaba de él en mi mente. El hombre que tenía ahora frente a mí estaba demacrado y «chupado», como dirían los cuates, pero no por las drogas, que suele ser el motivo de esa apariencia. Había estado en una odisea muy peligrosa y me contó todo durante nuestra comida en Marie Callender's. Su saga duró meses, meses llenos de dolorosos comienzos y finales. Cuando hacía un gran avance para regresar a casa, tenía que regresar debido a ladrones o a autoridades corruptas, a veces casi muriéndose de hambre o de frío. También me contó relatos terribles de momentos en que saltó de trenes en movimiento y rodó por terraplenes, sufriendo a veces lesiones graves. Si alguien hubiese filmado todo esto, mirarías la pantalla y no lo creerías. Pudo llegar hasta México, donde una pandilla de ladrones no solo le quitaron el poco dinero y las pocas cosas que tenía, sino que lo desnudaron y lo dejaron solo. De alguna forma llegó de puntillas a un pequeño pueblo mexicano, cubriéndose los genitales con las manos y corriendo detrás de los árboles. Su torso estaba cubierto de tatuajes. Cuando la gente lo vio, él explicó que lo habían asaltado y entonces los pobladores le dieron ropa. Después de un tiempo, aún estaba allí, en medio de la maldita nada, completamente vestido por la bondad de otras personas. Estaba muy feliz por el hecho de que nadie le había negado nada ni lo había rechazado.

—Hice una promesa, como un voto. A partir de ahora voy a ser bueno, gracias a la bondad de estas personas hacia mí.

Y así fue, y eso marcó cada interacción que tuvo con otras personas mientras regresaba a casa. Se encontró con una madre y su niña, a quienes adoptó en su voto de bondad y las cuidó. Les enseñó a caminar por los rieles y apresurarse para conseguir comida, ya que muchas veces se iban sin poder comer. Las protegió de quienes querían hacerles daño. Un día, mientras estaban encima de un tren, pasaron lentamente por un pueblo y después el tren volvió a acelerar. Vieron una pequeña iglesia evangélica con un letrero en el frente. Era uno de esos letreros que anuncian el tema del sermón del domingo.

Increíblemente, el mensaje en español decía: «Carlos, estoy contigo».

Carlos supo que no era solo un letrero, era una *señal* verdadera, una confirmación de la pureza de su promesa y la verdad de su bondad. Las lágrimas cayeron por su rostro mientras el tren se alejaba de ese pequeño pueblo. Esa era la ternura que siempre estuvo ahí presente, ese lugar suave y desprotegido capaz de apreciar todo. Él sabía que estaba yendo a casa, sabía que eso sucedería. Todo lo que va, vuelve.

Esa noche, lo llevé a su casa, muy conmovido por su relato. Le dije que su transición de vuelta a Los Ángeles sería difícil, pero que yo lo ayudaría. De hecho, le dije:

—Ahora, cuando te deje en tu casa, no voy a detenerme por completo, para que puedas saltar de mi auto en movimiento.

Se rio.

—Eso me hará sentir *tan* en casa.

El Papa Francisco dice claramente: «Jesús quiere la inclusión». Es una forma extraña de decirlo, porque es un llamado a actuar en el momento presente. El deseo, el anhelo y la urgencia de Jesús por la inclusión está sucediendo *ahora*. Se trata de que todos nosotros queramos estar donde él está e incluir como él lo hace. No se trata tanto de lo que tenemos que hacer en la periferia, sino de lo que nos sucederá si nos paramos allí. Conocer a los cuates ha cambiado mi vida para siempre, ha alterado el curso de mis días, ha moldeado mi corazón y me ha regresado a mi verdadero ser. Sin duda, han sido guías de confianza. Juntos, hemos descubierto que todos somos diamantes cubiertos de polvo. Ellos no me han enseñado que soy alguien, sino que soy todos, y ellos también lo son. Ese es el diseño original.

Amor y más amor. Eso es lo que nos queda cuando borramos los límites. Los creyentes que viven cerca del evangelio se ven anclados en la periferia, revestidos de Cristo, y no quitándoselo, eligiendo ser valientes por el otro para poder encontrar nuestra verdadera altura en el amor.

Levanten la mano.

Capítulo nueve
Exquisita reciprocidad

Creo que haber conocido a César Chávez es una de las grandes bendiciones de mi vida. Aunque muchos celebran su visión, sus habilidades de organización comunitaria y su capacidad de crear e impulsar un movimiento, yo recuerdo y admiro más su gran capacidad de escuchar. Cuando hablabas con él, no estaba mirando sobre tu hombro buscando a alguien más importante a quien acercarse. En ese momento, para él no existía nada ni nadie más que tú y lo que sea que le estuvieras diciendo. Desearía poder lograr eso. Él encarnó la idea de la poeta Judyth Hill: «Fomenta la paz prestando tus oídos».

Me avergüenza decir que, incluso cuando los cuates están formados fuera de mi oficina para verme, soy algo así como un experto en multitarea. En mi escritorio, soy un oyente al estilo de Rose Mary Woods: escribo mensajes, abro cartas, finalizo una llamada, veo quién sigue en la fila para verme, envío correos electrónicos e intento borrar dieciocho minutos de las cintas de Watergate. Un pandillero de dieciséis años una vez se detuvo muy serio frente a mi escritorio y dijo:

—Mire, necesito su atención compartida.

Le dije:

—TÚ... tienes suerte, porque eso es EXACTAMENTE lo que haré.

De todos modos, desearía poder escuchar como César. Una vez, un reportero le dijo a César:

—¡Guau! Estos granjeros lo deben amar.

Y César sonrió, se encogió de hombros y dijo:

—El sentimiento es mutuo.

Cuando el sentimiento es mutuo, quedamos atrapados por una ternura que nos eleva a la grandeza de Dios. Como cristianos, queremos acortar la distancia que existe entre la gente. Hasta en el servicio hay una distancia: «El que provee... el que recibe». Comenzamos por el servicio, pero se mantiene por todo el corredor que nos lleva al salón de baile. El salón de baile es ese lugar de exquisita reciprocidad. En Homeboy no soy el «Gran Sanador», ni los demás necesitan mi sanación preciosa. A decir verdad, todos necesitamos sanación, todos somos un grito de auxilio. El cariño de Dios se muestra cuando no hay luz del día que nos separe.

Nadie ha tenido más oportunidades de empleo remunerado a través de Homeboy Industries que Droopy. Ya sea en nuestras empresas sociales o en empleos que encontramos para él en el sector privado, siempre regresa al ámbito de la delincuencia, por lo general a la venta y uso de drogas. Después, sistemáticamente viene a mi oficina y pide otra oportunidad. Lo conozco desde que era un niño. Era muy rápido y tenía un sentido del humor peligroso. Una vez, estaba hablando con él por teléfono para pedirle el número de un cuate. No había buena recepción y, a pesar de los intentos, no pude escuchar los últimos cuatro números. Finalmente, hizo una pausa irritado y gritó:

—¡El año en que naciste! ¡1-8-6-3!

Otra vez, después de un periodo de cuatro meses en la cárcel del condado por violar la libertad condicional, cuando tenía cerca de treinta años, se sentó frente a mí listo para limpiar su historial, otra vez. Me saludó como siempre:

—¡G-Biscuit! ¿Cómo estas, viejo cabrón?

Desde que vio *Seabiscuit*, la película sobre un caballo de carreras, le había dado por llamarme así. Le dije que yo estaba bien, pero la verdadera pregunta era cómo estaba *él* y me dijo inclinándose:

—G, soy una persona nueva y mejorada.

Mi rostro me tomó de rehén y mostré algo de incredulidad, pero aun así accedí a llamar a Gary, un amigo que tiene una empresa de máquinas expendedoras en Alhambra. Por suerte, y como había hecho antes con otros cuates, él contrató a Droopy, sin haberlo visto, y me dijo que estaba feliz de que empezara al día siguiente.

Gary es un santo.

Dos semanas después, Droopy estaba nuevamente en mi oficina. Pensé: «Híjole, madre santa. Aquí vamos otra vez». Esperé las excusas, la promesa de que no volvería a suceder, que la próxima vez sería diferente, pero eso no fue lo que dijo. En lugar de eso, sacó algo de su bolsillo: su primer cheque de pago de la empresa. Lo sacudió en el aire y dijo:

—Diablos, G, este cheque me hace sentir decente. Es decir, mi jefita está orgullosa de mí y mis morritos no están avergonzados —me señaló con el dedo y lo movió—. ¿Sabes a quién tengo que agradecerle por este trabajo?

Me sonrojé un poco y bajé la mirada mientras vacilaba unos segundos. Finalmente, sonreí y le pregunté a quién.

Droopy me miró ladeando la cabeza, como cuando un perro busca un sonido extraño, y señaló hacia el cielo.

—Bueno, a Dios, por supuesto.

Me sentí completamente de acuerdo, como si no esperara menos. Él apuntó el dedo hacia mí otra vez.

—Pensaste que iba a decir a ti, ¿no?

Una vez más vacilé.

—No... por Dios, no... Es decir, por supuesto... Dios es lo máximo.

Ahora soy yo el que señala hacia arriba. Él acaba conmigo.

—Tienes mucha suerte de que no vivamos en los días del Génesis.

—Perdón —dije—, ¿en los días del Génesis?

—Sí... porque Dios ya te hubiera golpeado el trasero a esta altura.

Al unísono, casi nos caemos de la risa. Desafío a cualquiera que me diga exactamente quién es el «proveedor» y quién el «receptor». Aquí, es mutuo.

Una vez me entrevistaron para la cadena PBS y al final el tipo me preguntó cómo se sentía «haber salvado miles y miles de vidas». Sin intentar ser evasivo o simpático, le dije que no sabía de qué hablaba. No era consciente de haber salvado ninguna vida; aún sigo convencido de que fueron los cuates los que me salvaron la vida, varias veces. Cuando necesito paciencia, los cuates me salvan de mi impaciencia; cuando me falta valor, ellos me salvan de mi cobardía; y cuando estoy completamente convencido de que estoy en lo correcto, ellos me arrojan un gran cubo de humildad. Ellos me salvan todos los días. Le dije al reportero que para mí «salvar vidas era el trabajo de la Guardia Costera».

Una mujer aborigen de Australia le dijo a unos misioneros serios y con buenas intenciones:

—Si vienen solo a ayudarme, están perdiendo el tiempo, pero si han venido porque su liberación está atada junto con la mía, entonces trabajemos juntos.

Una mujer, bastante determinada a colaborar con Homeboy, una vez me dijo que ella tenía que ser voluntaria aquí. Cuando le pregunté por qué, respondió:

—Porque creo que tengo un mensaje que estos jóvenes necesitan oír.

—Cuando pierda ese mensaje, regrese —le respondí.

No podemos poner el puntero en cualquier alma perdida y apretar el botón «salvar». Muchos voluntarios de preparatoria, acostumbrados a construir un orfanato o a alimentar a los indigentes en un comedor popular, me preguntan qué tienen que «hacer» en Homeboy y yo siempre respondo:

—Pregunta equivocada. La correcta es: ¿qué te *sucederá* aquí?

Parece que siempre nos enfrenamos a esta decisión: salvar al mundo o saborearlo. Quiero plantear que saborearlo es mejor y que cuando buscas «salvarlo», «colaborar», «devolver» y «rescatar» a la gente y hasta «hacer una diferencia», entonces estás haciendo todo eso por ti mismo... y el mundo se queda estancado. Los cuates no están esperando que alguien los salve, ya están salvados. Es igual para los proveedores de servicios y los que colaboran en cualquier otro tipo de ministerio. Por supuesto, la buena noticia es que cuando elegimos «saborear» el mundo, lo salvamos. No te dispongas a cambiar el mundo, disponte a preguntarte cómo está la gente.

Conocí a un hombre, un ex pandillero renacido que tenía las mejores intenciones y que ahora trabajaba con pandilleros.

—¿Cómo llegas a ellos?

—Para empezar, deja de intentar eso —le dije—. ¿Acaso ELLOS pueden llegar a TI?

Las personas en la periferia solo nos piden que los recibamos.

En Homeboy muchas veces decimos «la comunidad supera a la pandilla». La única forma de hacer brillar una luz en la «pertenencia» vacía, superficial y falsa de una pandilla es ofreciendo una comunidad real y viva. La comunidad es el lugar particular donde se puede poner en práctica la paciencia y la constancia, donde se extiende la compasión y se cultiva la gratitud. Los navajos tienen la creencia de que un criminal es el que actúa como si no tuviese familia. En gran parte esto es lo que intentamos cambiar. Homeboy busca brindar un refugio para los cuates hasta que ellos mismos se conviertan en el refugio que buscan aquí. En ese contexto podemos calibrar nuestro corazón y guiarlo hacia la total aceptación. Aquí es donde tomamos la decisión de vivir en el corazón del otro. Después de todo, todos simplemente buscamos un hogar para nuestro corazón. Como escribe Dorothy Day: «Todos conocimos la larga soledad y hemos aprendido que el amor es la única solución, y que el amor viene en comunidad».

Emily es una pandillera que se acaba de convertir en miembro de nuestro equipo de superiores. Ahora tiene mucha responsabilidad, pero nunca olvida que también un día luchó contra lo mismo que hoy luchan nuestros aprendices. Ella ya vivió eso. Un lunes, entra en mi oficina para contarme sobre su fin de semana.

—Ayer estaba muy desanimada —comienza.

Me cuenta que ha estado teniendo problemas para evitar ese lugar oscuro en el que caemos a veces.

—Así que necesito mi dosis de Homeboy.

Ella vino a nuestras oficinas vacías luego de dejar a su esposa, Amanda, en su empleo de media jornada y rodeó el edificio varias veces en su auto—Me sentí mejor después de eso.

Más tarde, de regreso a su casa se detiene en una luz roja en Cesar Chavez y Mission. Se vuelve y ve que el auto detenido en el siguiente carril soy yo. Toca la bocina y, por impulso, la saludo con la mano, aunque no sé quién es porque el resplandor es muy fuerte. Luego la reconozco. Ambos bajamos las ventanillas, nos reímos y hablamos de la vida. En ese instante, llegamos a decirnos cuánto nos queremos y luego la luz se pone en verde. Ambos partimos, con los corazones elevados por encima de las cosas opacas que a veces nos rodean a todos. Desde nuestras ventanillas, ambos pudimos tocar la fecundidad de la sanación, la conexión de la comunidad, y nuestras almas regresaron a su verdad. Todo eso en una luz roja.

En el budismo, un *sangha* es una comunidad que vive en armonía y con conciencia. Nuestra esperanza es que la gente viva en armonía y en una conexión común dentro de nuestros muros. Al reconocer nuestra humanidad en común, reponemos constantemente la sanación mutua que vivimos, porque la verdad es que Homeboy Industries es una comunidad que conoce el trauma. Ofrecemos contención, seguridad, los mantenemos cerca y a todos les damos mucho espacio.

La reciprocidad, así como la santidad, es irresistible. El cuate más tímido que cruzó nuestras puertas era un chico llamado Matthew. Vivía en Boyle Heights y nos habíamos conocido en una correccional. Tomó mi tarjeta, y esperé a ver si recibía la llamada telefónica. Así fue, pero la conversación fue muy dolorosa para Matthew. Era tan tímido que parecía que se le habían acabado las palabras antes de terminar. Terminó la llamada de una forma incómoda:

—Lo volveré a llamar cuando pueda hablarle verbalmente.

Estoy seguro de que se dio una patada después de colgar. Más tarde, por una maestra de nuestra escuela alternativa, supe lo aterrado que estaba por hablar conmigo en persona. Él le preguntó a la maestra:

—¿Qué hago si usa palabras difíciles y no lo entiendo?

A su favor, apareció en mi oficina a la hora acordada, a pesar de sus miedos. Le di la bienvenida a bordo (intentando hablar con palabras simples) y observé mientras lo ponían bajo la atención de un cuate mayor, un acompañante que le mostró el lugar. En las semanas siguientes, lo veía desde mi oficina. Su timidez disminuía a medida que estos grandotes tatuados lo guiaban lentamente. Ellos sabían cómo hacer que un alma tímida se sintiera apreciada y bienvenida.

Desde entonces, Matthew adquirió la costumbre de entrar a mi oficina y dejar su mochila contra la pared, por protección. Muchos de los que trabajan a media jornada lo hacen. Generalmente, él la dejaba y se iba corriendo, con un «hola» al pasar. Sin embargo, un día en particular Matthew dejó su mochila al llegar de la escuela y se sentó en una silla frente a mi escritorio. Yo estaba en medio del análisis de una carta para la cita de un cuate en la corte y le pedí a Matthew que me esperara un momento para poder terminar de leerla. Me sentí mal al dejarlo esperando, así que le di un poco de charla para entretenerlo mientras esperaba.

—¿Y cómo llegaste hoy aquí? —comencé.

—Caminando —dijo.

—Ah —respondí, dando el último vistazo a la carta que esperaba mi firma.

—En realidad —agregó—, vine corriendo.

Dejé de leer y levanté la vista hacia el chico que nunca más se quedó sin palabras. Sonreí y él también.

—Eso es, mijo. Eso es.

Pareciera que Dios creó una «otredad» para que podamos encontrar la forma de hermanarnos por medio de esa reciprocidad. Quizá, Dios creó los límites para que dedicáramos nuestras vidas a borrarlos. No estamos llamados a destruir nuestras diversidades y diferencias; en su lugar, estamos llamados a aumentar nuestra conexión entre nosotros. Como dice el Corán: «He creado diversas tribus, para que lleguen a conocerse». Y para que lo hagan rápido.

Hace muchos años, reuní en nuestra sala de conferencias a un grupo de interventores expertos en pandillas que trabajaban en distintas partes de Los Ángeles. Todos eran ex pandilleros. En medio de la conversación, como era de esperarse, llegó el momento en que alguien dijo: «A un lado, déjanos manejar esto». En los primeros días, sucedía mucho.

—Padre, con el debido respeto —decía alguien—, creo que es más probable que los pandilleros nos escuchen a nosotros que a usted.

Estuve de acuerdo con ellos, pero solo si la tarea era principalmente *hablar* con ellos. Así también, durante las preguntas al terminar una presentación, me suelen preguntar (generalmente un activista chicano) sobre el supuesto rechazo de los pandilleros hacia mí, por ser blanco. Siempre digo que eso nunca fue un problema, aunque la gente siempre crea que lo es. Afortunadamente para todos, la solución no tiene nada que ver con hablar. Muchas veces nos preguntamos a nosotros mismos: ¿cómo acortamos la distancia entre el «servicio directo» y el «cambio estructural»? He aprendido que nunca se trata de hablar mucho, pero sí de recibir, escuchar y valorar a las personas hasta que salen con las manos en alto, sintiéndose valoradas, quizá por primera vez. Todo lo que se nos pide es recibirlos y permitirnos que lleguen a nosotros. Cualquiera que tenga pulso puede hacerlo. Fomenta la paz prestando tus oídos.

Una de las cosas que nos aleja de la periferia y del gozo de la reciprocidad que encontramos allí es la descalificación constante que nos hacemos a nosotros mismos. «¿Qué podría decirle yo a un pandillero?», «Nunca fui a prisión, no tengo ningún tatuaje». Si se tratara de hablar con los pandilleros, entonces sería un esfuerzo específico y denso; si se tratara de dar ese mensaje que los salvará y cambiará el camino de un pandillero, entonces sería… acerca de cómo tú salvas al mundo. Escuchar y recibir es el mejor nivelador. De veras. ¿Quién no puede hacerlo?

Alice, una amiga de hace muchos años, me ha pedido ser voluntaria en Homeboy. Yo fui maestro de sus hijos en la Preparatoria Loyola hace años. Ella estaba comenzando a reducir su trabajo inmobiliario en Hancock Park y quería enseñar arte en nuestra escuela alternativa, la Alternativa de la Misión Dolores. Era un lugar difícil, lleno de pandilleros. Había peleas todo el tiempo y las historias de maestras que duraron un minuto y medio eran numerosas. Naturalmente, Alice dudó de su capacidad para relacionarse con los estudiantes, por ser una mujer blanca de Hancock Park. Una vez un chico le dijo:

—Diablos, Alice, tú tienes una de esas, ya sabes, ¡de esas vidas con cerca blanca!

Aun así, ella siguió trabajando, siempre muy amable e intentando conectarse mediante el arte con los que tenía a su cargo. Alice «recibía» a cada chico que llegaba. Un día, entró al salón y encontró a un cuate que había llegado más temprano. Él estaba haciendo garabatos en un cuaderno, seguramente escribía el nombre de su pandilla y su placa. Levantó la vista, sonrió y dijo:

—Es la maldita Alice.

Y volvió a mirar su cuaderno. En ese momento Alice supo que ya había llegado.

Un año, en los Premios Emmy, contrataron por una noche a muchos de nuestros aprendices para orientar y vigilar el estacionamiento. Estaban vestidos con pantalones negros, camisas blancas impecables y corbatas negras estrechas mientras les indicaban a las celebridades en qué lugar o sección estacionar sus autos. Estaban maravillados con el trabajo. Un cuate grandote llamado Rascal me contó su alegría al día siguiente sentado en mi oficina.

—Vi a este tipo bajito después de todo el *pedo* —dijo—. Diablos, G, ¡había ganado dos Emmys! Lo saludé y le dije: «¿Me haces un favor? ¿Me los prestas?», y él lo hizo. Le di mi teléfono y él me tomó una foto. ¡Mira!

Rascal encontró la foto en su teléfono y puso la pantalla frente a mi nariz. Ahí estaba, radiante, sosteniendo los dos premios en alto sobre su cabeza.

—¿Y quién era el tipo bajito? —le pregunté.

—No tengo idea —dijo Rascal—, pero le tomé una foto porque sabía que me preguntarías.

El tipo bajito era Martin Scorsese. Hasta después del espectáculo de una gala de premios a todos se nos pide que nos alejemos de nuestro ser autónomo y nos acerquemos a la calidez de la cercanía entre nosotros. Ambos, el director famoso y el pandillero, tenían motivos para sostener en alto sus premios.

René está teniendo un mal día. Está en la parada del autobús comiendo un melocotón y atrapado en una depresión de la que no puede salir. Esto es algo común que les pasa a los cuates cuando, como dice mi amiga Celeste Fremon, «se dan cuenta de lo podrido que está todo». Las cosas se vuelven oscuras. Hoy, esta oscuridad es más pesada para René que su lista normal de cargas y problemas. Es casi paralizante.

Todos los días, antes de llegar a su trabajo en Homeboy, lo puedes encontrar en ese banco de autobús, donde también todos los días hay una anciana japonesa. Él no sabe a dónde va ella, tal vez a un centro de ancianos. Ella está encorvada y parece ser muy anciana para trabajar. Todos siempre se aseguran de que tenga un asiento en el banco. Llega el autobús y hay unas seis personas alrededor de René haciendo fila para subir. René se asegura de que la viejita japonesa esté delante de él. Al entrar al autobús, la anciana se voltea y le dice a René:

—Te admiro —esta es la primera vez que hablan.

—¿Sí? —pregunta René—. ¿Por qué?

—Porque comes sano —dice ella con naturalidad—. Cada mañana estás aquí comiendo fruta. Una banana, una manzana, hoy un melocotón. Comes fruta, por eso te admiro.

René la ayuda a subir al autobús, compran sus boletos, ella se sienta delante, en el lugar reservado para ancianos, y él se sienta al fondo, en el lugar reservado extraoficialmente para los «cuates». Se sienta allí, recrea en su mente lo que la señora le acaba de decir y se da cuenta de que ya no está deprimido.

No puede evitarlo y se abre paso entre la multitud matutina que va al trabajo hasta que llega a la señora japonesa. Se arrodilla y la mira a los ojos:

—Gracias por darle tanto ánimo a mi día.

La mujer sonríe, le toca el brazo a René y él regresa al final del autobús. Resulta que cada momento es una invitación a reconocer nuestra interconexión. «Tú eres parte de mí y yo soy parte de ti».

Una vez, estoy intentando encontrar un lugar para estacionar en la calle cercana a Homeboy y no me resulta nada fácil. Normalmente evito nuestros estacionamientos —prefiero reservarlos para los clientes—, por eso ahora estoy a tres calles en una zona industrial, donde me encuentro con tres miembros de nuestro equipo de conserjes. Los enviaron afuera a limpiar las calles, en un esfuerzo por ganarse la buena voluntad de los comerciantes locales. Eran tres: un pandillero afroamericano, uno latino y un supremacista blanco. No tenemos muchos de estos últimos, solo un puñado, pero me reconforta que estos criminales vengan cuando salen de prisión, listos para comenzar sus vidas nuevamente. Todos nuestros aprendices caucásicos han estado involucrados en pandillas de presos blancos. Los tres están trabajando, hablando y riendo. El negro, el moreno y el blanco. El Reino de Dios al alcance de la mano.

La escena me recordó el momento, hace muchos años, cuando vi a nuestro equipo de jardinería desde mi auto. La única diferencia era que no estaban trabajando. Todos estaban apoyados en sus rastrillos y sus palas, chismorreando. Los mexicanos tienen una expresión para gente como esta que es muy vaga: *huevón*. Hace referencia a alguien que tiene testículos enormes, no como diciendo que «tiene valor», sino que «sus testículos son tan grandes que le cuesta caminar». Así que veo a nuestros «trabajadores», descansando sobre sus herramientas y me acerco, bajo la ventanilla y finjo que no los conozco.

—Disculpen —les digo y ellos se voltean para oírme—, soy nuevo aquí. Estoy buscando la reunión de Huevones Anónimos. Digo, los vi apoyados en sus palas, y pensé: «Ellos deben saber dónde es».

Omar, el «Alejandro inteligente» del grupo, se acerca.

—Ah, ¿usted es el orador invitado de hoy?

Los otros se ríen, le chocan los cinco y lo felicitan:

—Muy bueno.

—Bien dicho.

—Te doy crédito.

¿Cómo no lo vi venir?

Ahora, mientras observaba a estos tres trabajadores nuevos, pensé en seguir alguna variante de mi antigua rutina. Estacioné y bajé la ventanilla del pasajero. Los tres me miraron y se acercaron, con sus caras llenando la ventanilla. Antes de que me reconocieran y gritaran ¡G!, les pregunté:

—Soy nuevo por aquí. ¿Podrían decirme dónde queda Homeboy Industries?

El caballero blanco está deseoso de participar en esta tontería. Se acerca un poco más y dice:

—Sí, bueno, siga por la calle principal unas tres cuadras y gire a la derecha en Bruno. Allí está Homeboy Industries, justo en la esquina de Alameda y Bruno —está como loco siguiendo el juego—. Luego, cuando entre, lo saludará un tipo grande, gordo y divertido con una barba blanca.

Mi burbuja de pensamiento dice: «¿Qué de qué?» y mi rostro debe de decir lo mismo. Los otros dos trabajadores se ríen, pero este muchacho no sabe si hacerlo. Veo en su rostro que está preocupado por haber cruzado algún límite, así que intento aliviar su preocupación:

—Estoy buscando Homeboy Industries, no el Polo Norte.

Lo que busca Homeboy es algo relacional y, sin duda, las tonterías, entre otras cosas, pueden llevarnos a eso. No nos interesa imponer nuestros consejos o mensajes, ni pulir nuestro argumento ganador. El novelista E. M. Forster repite en un capítulo de *La mansión*: «Tan solo conecta».

El joven rico le pregunta a Jesús: «¿Cómo alcanzo la vida eterna?». Esta no es una pregunta acerca del cielo. Todos queremos entrar al cielo, pero Jesús quiere que el cielo entre en nosotros. No se trata de cuentas bancarias, ni de una hoja de registro de buenas acciones; es acerca de la vida eterna en la conexión. Jesús nos muestra que, antes de que las cosas se vuelvan mutuamente beneficiosas en la periferia, necesitan ser relacionales mutuamente. Tan solo conecta. Otra vez, nuestra división es una ilusión. Dios nos invita a vivir siempre al borde de la eternidad, en la esquina de la hermandad y la reciprocidad. Solo debemos crear una conexión de corazones para mostrarles a los demás que los vemos, los reconocemos y los abrazamos con un valor recíproco. Todos queremos que alguien nos preste atención, que vea lo que comemos, que nos saque una fotografía con un premio, que nos salude diciendo: «¡Es la maldita Alice!».

Me invitaron a hablar en Washington, D.C., frente a un subcomité selecto del Congreso sobre las pandillas. Llevé a dos cuates conmigo, Louis y Joe. Ellos son muy grandotes y necesitan un extensor del cinturón de seguridad. Camino a Washington, visitamos Nueva York, donde Louis había vivido hasta los diez años.

Cuando nuestro avión está a punto de aterrizar, Louis le pregunta a Joe qué tiene en su lista de lugares para conocer.

—Quiero ver la Estatua de la Libertad —dice Joe pegado a la ventana—, el Empire State Building y, por supuesto, la torre Eiffel.

Louis no puede dejarlo pasar.

—Tonto, eso es en París.

Joe se vuelve hacia Louis y dice:

—Bueno, entonces supongo que lo tacharé de mi lista.

Cuando llegamos a Washington, hablamos frente al comité y hacemos las paradas necesarias para ver a nuestros congresistas, con la esperanza de que nos den alguna rebanada de un pastel de fondos públicos. Después de finalizar, tenemos tiempo para dar un paseo. Decido llevar a Louis y Joe al Museo del Holocausto. Ya había llevado a otros cuates a ese lugar antes y siempre era una gran experiencia para ellos.

Los tres comenzamos en el vestíbulo, donde les digo que tienen dos horas para pasear por el museo.

—Recorramos el lugar solos para captarlo bien y volvamos a encontrarnos aquí a las 3:00 p. m.

Dos horas más tarde, estamos nuevamente donde empezamos, contando lo que vimos. Evidentemente ellos estaban conmovidos por el peso de lo que acababan de ver. Mientras hablamos, vemos a un hombre, probablemente de unos ochenta y tantos años, sentado detrás del escritorio leyendo un libro. Es pequeño, calvo y no se distrae con nuestra conversación. Hay una silla frente al escritorio que parece invitarlo a uno a sentarse. Luego, vemos un pequeño letrero en el escritorio: «SOBREVIVIENTE DEL HOLOCAUSTO». Los tres procesamos todo esto a la vez y comenzamos a generar una respuesta.

—¿Qué le podríamos decir a alguien que ha pasado por todo eso? —pregunta Joe.

—Sí —agrego.

Pero Louis es valiente.

—Voy a hablar con él —dice.

—Ve —le respondo—, estaremos en la tienda de regalos.

Más tarde, Louis nos cuenta acerca de su encuentro, con detalles extraordinarios y asombrosos. El nombre del hombre era Jacob. Tenía trece años cuando llegó a Auschwitz. Allí mataron a sus padres, sus dos hermanas fueron ejecutadas frente a sus ojos y también asesinaron a una sobrina y un sobrino. Él era un trabajador, por lo tanto, le perdonaron la vida, hasta que el campo fue liberado. Louis escuchó con la mayor atención que pudo. Cuando Jacob terminó de contar su historia, Louis sacó una tarjeta de Homeboy de su bolsillo.

—Trabajo en Homeboy Industries —dijo—. Es el programa de intervención, rehabilitación y reinserción de pandillas más grande del país.

Jacob tomó la tarjeta y la estudió. Louis agregó:

—Espero que si alguna vez viene a Los Ángeles vaya a visitarnos.

Jacob se mantuvo en silencio.

—Tengo veintisiete años —continuó Louis—, y la mitad de esos años los pasé en prisión.

Jacob, al principio, siente el impulso de burlarse:

—En las prisiones norteamericanas —dice medio riéndose— tienes tu propio cuarto, un colchón, una almohada. Nosotros teníamos que dormir en tablones de madera. Si hablabas en la fila, te sacaban y te golpeaban hasta dejarte casi muerto.

Louis procesa esto, como si cada palabra fuese un objeto preciado que alguien le entrega.

—Sí —dice asintiendo—. He recibido golpizas varias veces en la cárcel. Una vez, me sacaron y me golpearon tan fuerte que, cuando terminaron conmigo, parecía el maldito hombre elefante. Luego me arrojaron desnudo a una celda y dormí en una lámina de metal.

Ahora Jacob recibe las palabras de Louis con una nueva reverencia. Sin embargo, es en este momento de su historia cuando siento la necesidad de intervenir.

—Louis —digo—, déjame ver si entiendo bien esto. ¿Estabas comparando tu experiencia con la de un sobreviviente del Holocausto?

Luis responde sin ninguna duda.

—No —dice con la claridad de un santo—. No, no hay comparación entre lo que este hombre ha sufrido y lo que yo he vivido —se queda pensando y sus ojos se humedecen antes de continuar—. No estaba compitiendo con él —una lágrima cae por su mejilla—, estaba conectándome con él.

Parte de la reciprocidad que fomentamos y celebramos en Homeboy nace de la gratitud que sentimos por la historia que compartimos entre nosotros. Es algo que no se puede forzar, pero que lo puedes ver crecer. Siempre les digo a los aprendices que procuren esto, a pesar del hecho de que los cuates asocian la palabra *historia* con algo negativo. Un aprendiz que ve a un pandillero registrándose en la recepción, que probablemente quiera reorientar su vida, lo señalará y dirá: «¿Ves a ese tipo? Tenemos historia juntos». Esto es como decir que no es algo bueno. Hay mala sangre: él es un enemigo o rival que ha causado daño o lo ha recibido. Sin embargo, no queremos que los cuates solo vengan a este lugar, laven ventanas, horneen pan, sirvan mesas y se vayan a su casa. Nuestra esperanza es sacarnos mutuamente de nuestro aislamiento y reavivar la determinación de haber venido a este lugar. Así, en lugar de tener una historia, escribirán una nueva.

Durante los últimos cinco años, probablemente, los cuates han comenzado a pedir mi bendición. En el estacionamiento de

Homeboy, antes de entrar al edificio, en la recepción, en mi oficina, en cualquier momento, pero mayormente la piden los viernes, antes del fin de semana. Ellos no dicen: «Padre, ¿me daría su bendición?». En lugar de eso, lo piden exactamente de la misma manera: «Oiga, G, bendígame, ¿sí?». Eso nunca cambia. Tengo un cuate desesperante que trabaja en las oficinas, aunque «trabajar» puede ser un verbo muy fuerte. Robert solo tiene dieciocho años y nadie se queja y lloriquea más que él. Siempre hay algo que está mal. Algún supervisor lo miró de reojo o su cheque resultó ser menos o su asistente social le está dando vueltas y no lo está ayudando en nada. Cuando pide verme, ya me preparo e intento encontrar la «mejor versión de mí» (sé que estás ahí, sal con las manos en alto) para escuchar el bombardeo de quejas. Ya tengo lista mi respuesta para cuando él, el rey de los pedigüeños, inevitablemente me pide que termine de pagar su cuenta de electricidad o la última parte de su renta, que siempre, casualmente, debe pagar ese mismo día. Aparentemente, Robert ha confundido a este sacerdote con un cajero automático. Su situación financiera siempre es terrible:

—Estoy en la etapa más crítica —dice—. Ya me veo venir los problemas.

Es más, nunca acepta un «no» como respuesta. No puedes desviarlo. Es persistente, incansable y un dolor de cabeza para el USDA, el Departamento de Agricultura de los Estados Unidos. Una vez fingí una experiencia mística frente a él.

—Espera, espera —le dije tomándolo con una mano—. Estoy... estoy teniendo... una experiencia extramonetaria.

A él no le pareció gracioso.

Robert es uno de los tantos huérfanos que tenemos en Homeboy, un chico que se crio solo, sin padres con los que hablar, yendo de un sofá a otro, viviendo con las familias de otros cuates. Es totalmente sorprendente que nunca haya caído en el sistema de acogida o haya llegado al escritorio de alguien encargado de anunciar a los niños sin familia. Aun así, se las arregló para alquilar un apartamento de soltero y sobrevivir. El hecho de saber que viene de ese lugar de abandono y rechazo, hace que su lloriqueo sea tolerable; sin embargo, es capaz de vivir su propia vida de forma productiva. Aunque tiene sus momentos en los que pone a prueba mi paciencia, siempre le doy todo el amor y la atención que puedo. Hago mi mayor esfuerzo por escucharlo. A estos chicos les doy un poco más de libertad de acción.

Robert termina su fiesta de quejas, el pedido de dinero y finalmente concluye nuestra reunión diciendo:

—Oiga, G, bendígame, ¿sí?

Ya conoce la rutina. Se acerca a mi lado del escritorio, inclina la cabeza con toda la devoción de un postulante y pongo mis manos sobre sus hombros. De pronto, por casualidad recuerdo que el día anterior fue su cumpleaños. No lo mencioné antes, así que comienzo allí.

—Robert, estoy tan agradecido de que hayas venido al mundo. Me alegra que hayas nacido. Ayer fue un día santo. Soy un hombre rico al tenerte a ti en mi vida. Nunca dejo de agradecerle a Dios por hacerte así: Él hizo un trabajo firme. Incluso aunque —y no sé bien por qué agrego esta última parte— a veces seas un gran dolor de cabeza.

Robert levanta la mirada con una sonrisa.

—El sentimiento es mutuo.

Bueno, sí, lo es. ¿Reconocemos una bendición cuando la vemos? Una vez, cuando estaba en el área de Dublín para unas presentaciones, me invitaron a visitar Saint Declan's, una escuela para chicos con necesidades especiales. Había unos cuarenta alumnos entre los seis y los doce años. Principalmente eran varones, con autismo de alto funcionamiento o *ásperger*, y todos tenían problemas de comportamiento emocional. Llegué durante la última hora de clases y observé que, después de que un niño de doce años hiciera un berrinche, una profesora lo encerró en la «sala de los berrinches», donde él escupía y sacudía las extremidades. También me senté en una clase y presencié cómo una maestra con excesiva paciencia y sus ayudantes intentaban mantener el orden con ocho niños que estaban, digamos, «desenfocados». La palabra «caótico» ni siquiera llega a describir la tarea que tienen los adultos en ese salón.

Al final del día escolar, cuando todos los estudiantes ya habían subido a los autobuses y regresaban con seguridad a sus hogares, hablé con los treinta y tantos empleados de la escuela. Estaban golpeados, dañados, apaleados y escupidos. Estaban caídos, pero no acabados; débiles, pero no derrotados. Ver sus rostros me hizo llorar. Les dije lo afortunados que eran de venir a trabajar todos los días y que sus vidas eran salvas gracias a eso. Venir a Saint Declan's todos los días los rescataba de su egoísmo, liberaba su preciosura y su inteligencia. Gracias a eso, estaban libres de la maldad, de las obsesiones mezquinas y de la ambición, para poder lanzarse a este torbellino salvador de saliva y sacudidas de brazos. Cada rostro es el semblante de la salvación.

Después de treinta años haciendo esto, me encuentro infinitamente agradecido por toda la historia que tengo con la gente, recuerdos, rutinas y formas de hablar que afianzan nuestra conexión actual. No se trata de dar y recibir; ni de la frase «Es mejor dar que recibir»; ni de «He recibido más de lo que di». Tampoco se trata de «Querer hacer la diferencia». Es algo mutuo. Por eso, esto no se trata de ti. Si fuese así solo sería «recolectar gente», congraciarse constantemente y llevarse el crédito uno mismo. Lo que hay que desear es una comprensión más clara, una recepción más tierna. ¿Podemos amar a la gente y hacer desaparecer nuestras expectativas de reciprocidad? En Homeboy Industries yo no empodero a nadie, pero si uno puede amar sin límites, la gente de la periferia se convencerá de su propia bondad. Así despertamos la conexión entre nosotros, una atención balanceada y enfocada hacia la persona que tenemos enfrente. Es alcanzar y ser alcanzado, saborear el mundo, buscando solamente recibir ese regalo. Y el mundo se salva, y se toma la decisión de vivir en el corazón del otro.

Una exquisita reciprocidad que ilumina todo el cielo.

Capítulo diez
Entremos en la hermandad

A lo largo de los años he aprendido innumerables cosas de los cuates. Ellos han cambiado mi corazón y salvado mi vida de infinitas formas. Pero una de las cosas más importantes y determinantes que me han enseñado es a enviar mensajes de texto. No podría estar más agradecido por esta lección. Como todos nosotros, ¡creo que incluso es mejor que hablar con la gente! Soy bastante bueno en eso, si se me permite admitirlo. Uso las abreviaturas LOL, OMG y BTW como un experto, y los cuates me han enseñado uno nuevo: OHN, que aparentemente significa *"Oh, hell no"* (Oh, diablos, no). Lo he usado bastante últimamente.

La única cosa que me trae problemas, y sé que no soy el único, es el autocorrector. Una cuate, Berta, me envió un mensaje el domingo: «¿Dónde estás?». Le escribí que estaba por hablar en una sala llena de monjas y pulsé ENVIAR. El autocorrector puso que estaba por hablar en una sala llena de ninjas. Ella pensó que era muy interesante.

Otro cuate estaba muy preocupado por el dinero que le faltaba para terminar de pagar el alquiler. Yo lo ayudaría, pero estaba corto de dinero en este momento, así que le escribí sencillamente: «La cosa está apretada». Lo envié y el autocorrector envió: «La cola está apretada». Él respondió: «Lamento oír eso, pero... ¿qué hay de mi alquiler?».

Un día, estaba en mi auto con Manuel y Luis, de camino a hablar en un gimnasio lleno de estudiantes de preparatoria. Manuel, como siempre, ocupó el asiento del pasajero y estaba tan cerca de mí que oí el sonido de un mensaje entrando en su celular. Leyó el texto para sí mismo y se rio.

—¿Qué pasa? —pregunté.

—Oh, nada, es algo estúpido. Es de Snoopy, que está en la oficina.

Snoopy y Manuel trabajan en la sala de registro, registran a cientos y cientos de trabajadores. Es un trabajo duro; yo no lo querría. Acababa de ver a Snoopy y le había dado un gran abrazo antes de que subiéramos al auto.

—Y bien, ¿qué decía?

—Oh, es algo tonto. Espera un segundo —Manuel puso el mensaje de nuevo en pantalla y lo leyó:

—Oye, soy yo, Snoops. Sí, tienen mi trasero encerrado en la prisión del condado. Me acusan de ser el vato más feo del país. Ven aquí ahora mismo y muéstrales que tienen al tipo equivocado.

Casi me cruzo al carril en dirección contraria de lo mucho que nos reímos. Luego me di cuenta de que Manuel y Snoopy son enemigos, de pandillas rivales. Solían dispararse balas y ahora se disparan mensajes de texto. Existe una palabra para eso: hermandad.

En la hermandad de Dios todos son importantes. Visité a un cuate de veintitantos años llamado Duke en el hospital el 25 de diciembre. Le habían dado un balazo el día anterior. Cuando entré a su habitación me preguntó con una sonrisa:

—¿Y qué me has traído para Navidad?

Su actitud áspera de siempre no estaba presente.

—Ni una maldita cosa —le dije—. Pero parece que Dios te dio el regalo que merecías.

—¿Sí? ¿Qué? —me preguntó curioso.

—Una segunda oportunidad en la vida, cabrón.

—Ah, sí. Eso —se acomodó en la cama—. El doctor dijo que la bala destruyó un cuarto de mi pulmón. Eso es casi la mitad.

Lo felicité por su habilidad con las fracciones. Rápidamente cambió de tema:

—¿A quién has venido a visitar? —preguntó.

—¿A qué te refieres?

—¿A quién has venido a ver?

—A ti, menso —le dije—, ¿a quién más?

Duke no podía creer que él fuese la única razón por la que yo estuviera en el hospital. Supuso que yo tenía una lista larga de feligreses y amigos que ver. Debió de haber pensado que no entraba en esa lista de los que me importan. A estas personas les es difícil entender que ellos también pertenecen a un lugar. Así que la sorpresa de Duke por mi visita no fue tanta sorpresa.

En la iglesia congregacional a la que me habían invitado a hablar el servicio comenzó con una traducción única de Apocalipsis 21: «Esta es la historia de la hermosa ciudad de Dios. Esta ciudad resplandece con la hermosura de gemas extrañas. La ciudad está llena de luz. No hay santuarios ni templos porque todo aquí se concibe como sagrado y lleno de santidad. Esta es la historia de la comunidad amada. En esta comunidad nos sentimos bienvenidos. En esta comunidad encontramos hermandad. En esta comunidad hallamos nuestra voz. En esta comunidad, todos somos amados».

Una mujer una vez dijo:

—Cuando llegué a Homeboy, fue como si todos ustedes hubieran estado esperándome.

Hay un concepto africano llamado *ubuntu* que describe un mundo sin división. No le da sentido a ninguna de las cosas que nos separan, ni el color, la religión o la política, solo busca sanar y perdonar. Debemos buscar la obra maestra de la hermandad en la unidad entre nosotros. Luego de su tiempo en Homeboy, un cuate me dijo que ya no se identificaba como miembro de una pandilla sino como miembro de un equipo. Como dice Czeslaw Milosz: queremos llegar al punto donde «no haya un *yo* ni un *yo no*».

Demonizarnos y juzgarnos el uno al otro no puede sobrevivir a la plenitud de la comunidad. Con esta amada comunidad dejamos de crear un mundo que, involuntariamente, hace que la vida sea tan dura mutuamente. La hermandad siempre busca destacar que la separación es una ilusión. De todas formas, sabemos que esto no ocurre de la noche a la mañana. Los rivales que trabajan en Homeboy se acostumbran a la solidaridad, antes de llegar a la hermandad. Uno le dice a otro:

—Sé que no somos amigos, pero tampoco seamos enemigos.

Este es un buen comienzo, que anticipa un final aún mejor. Jesús siempre invitaba a la gente a ir más allá de las limitaciones de los lazos sanguíneos. Los primeros cristianos se saludaban entre sí con un beso en los labios, algo que en esos días solo lo hacían los miembros de la misma familia. Jesús tiene la gran esperanza de que nos olvidemos de esta separación para practicar la solidaridad y luego la hermandad. Dios sabe que seguimos esperando a que el Reino aparezca… a la vuelta de la esquina. Resulta ser que esta *es* la esquina. Justo a la vuelta de la esquina. El Reino es la esquina… donde podemos besarnos en los labios.

Estaba caminando hacia mi auto al final del día y me topé con Lorenzo. Estaba en su tiempo de descanso de la panadería, pasando el tiempo a solas en las mesas del jardín. Después de conversar un poco, dijo:

—¿Sabes?, mi auto dejó de funcionar este fin de semana. Quedé en medio de la maldita nada, completamente solo. Así que,

¿qué hago? Naturalmente, aunque quizá no esté de acuerdo con esto, llamé a mis cuates. El primero dijo: «Oye, estoy en medio de algo, no puedo ir». El siguiente, lo mismo. Una y otra vez. «Estoy muy ocupado, lo siento». Llamé a cinco de mis cuates y todos dijeron que no. No sabía qué hacer. Entonces, ni yo mismo lo puedo creer, llamé a Manny. Trabajamos juntos en la panadería. No hace falta decirlo, pero entre toda la gente de la panadería él y su barrio son mis mayores enemigos. Los peores. Pero tenía su número, así que lo llamé —en este punto Lorenzo demora la historia, como si estuviera escuchándola por primera vez—. ¿Y sabes lo que me dijo mi peor enemigo cuando lo llamé? —sus ojos de repente se humedecieron—. Me dijo: «Voy en camino».

Bugsy y Miguel eran cuates en rehabilitación. Sería difícil encontrar dos pandilleros que se odiaran más que ellos. Nunca trabajaron en Homeboy, pero los conocía a ambos de la calle. Pertenecían a pandillas rivales, aunque su odio mutuo era personal, y no debido a la enemistad de sus credenciales. Solía visitarlos los domingos y al principio me ordenaron que los viera por separado, ya que no podían tolerar estar juntos para hablar conmigo. Durante su estadía, Miguel me escribió pidiéndome dinero para «cosméticos» (higiene y cuidado personal), que le di con mucho gusto. Algunas semanas después, cuando hice la visita dominical, Bugsy y Miguel insistieron en reunirnos juntos.

—¿Recuerda los cuarenta dólares que me envió? —preguntó Miguel—. Le di veinte a Bugsy —Miguel espera un segundo para que todas las piezas caigan en su lugar y continuó—: supongo que todo lo que necesitaba hacer era conocerlo de verdad.

La demonización siempre desaparece frente al calor de la hermandad. Se derrite con solo ver nuestro sentido de pertenencia.

Otro cuate, Marcos, y yo estábamos trabajando juntos al comenzar el día en Homeboy. La puerta de la oficina está abierta y Giovanni entra. Ya nadie toma mucho en cuenta que los dos hombres fueron grandes rivales alguna vez y solían dispararse. Se dan la mano como cualquier otro día.

—Voy a la panadería —dice Giovanni—. ¿Alguno de ustedes quiere algo? Ya saben, ¿una taza de café, un *corsage*, o algo?

Marcos y yo nos miramos y decimos la palabra *corsage* al mismo tiempo. Giovanni hace un gesto pequeño, simulando un pastelillo

—Ya saben, un *corsage*, ¿cómo se llaman?

—¿Un *croissant*? —pregunto.

—Sí, ¿quieren uno de esos?

Le digo que no, pero Marcos dice que quiere uno. Giovanni sale por la puerta y Marcos rápidamente le grita:

—¡Pero no voy a ir al baile contigo![10]

Ahora, podemos asombrarnos de la autoridad de Jesús, que nos llama a amar a nuestros enemigos o, simplemente, podemos amar a nuestros enemigos y asombrar al mundo para sacarlo de su curso habitual.

Estamos a punto de irnos de una gala benéfica al aire libre y nos damos cuenta de que falta alguien en la camioneta. Es Vickie, una cuate muy ruda, líder de su barrio y alguien con quien no querrías meterte. Le pregunto a Joel, otro cuate, si sabe dónde está. Joel es un tipo alto, torpe y raro. Señala hacia la mesa de los postres, que está cubierta con la variedad más increíble de pasteles, tartas y todas las delicias que puedas imaginar. Joel y Janet son de pandillas enemigas. Entre ellos corre un río de mucho rencor.

—Ve por ella —le digo—. Dile que nos vamos.

Pero en lugar de caminar hacia ella, Joel coloca sus manos alrededor de la boca y, como el megáfono de un patrullero, grita:

—¡Vickie! ¡Aléjate del pastel de queso!

---

[10] *Corsage* es el ramillete de flores para colocar en la mano que se les regala a las chicas en la fiesta de graduación. [*Nota de la traductora.*]

«Esto es todo», pienso con horror a medida que todos los invitados se vuelven a ver. Guerra declarada. Pero, en cambio, Vickie se dobla de la risa, Joel también y se abrazan. Dan un paso más allá de la solidaridad, y se acercan más a la entrada de la «hermandad de Dios».

Durante la visita de Jim Carrey, con la esperanza de establecer una serie de entrenamientos de meditación para nuestros cuates, almorzamos con un pequeño grupo en el Café Homegirl. Éramos cinco en la mesa y Carrey estaba tratando de hablar de la naturaleza ilusoria de la separación.

—Tomemos este cuchillo —dijo, tomando un cuchillo de la mesa y sosteniéndolo en alto por el mango—. ¿Y ven mi mano aquí? —su mano izquierda se extendía ante él sobre la mesa—. Solo digamos... que apuñalo mi mano con él.

Su mano derecha, con el cuchillo, cayó con fuerza. Su voz y su cara eran, bueno, una mezcla de Ace Ventura y Hannibal Lecter. El cuchillo quedó entre sus dedos. Todos tuvimos la misma reacción y Carrey la señaló.

—¿Ven? Cada uno de ustedes agarró su mano y dijo «Rayos», completamente conectado a mí —su tono cambió cuando puso suavemente el cuchillo sobre la mesa—. Por eso, la separación es una ilusión.

Para Jesús, el ego que necesita morir es el mismo que quiere separarse. Este es el ego que nos aleja de la hermandad con los demás y se opone a la unión en todo momento. Es el ego que quiere que todo permanezca privado y cree que prefiere la soledad a la conexión. Sabemos que los primeros cristianos creían que «un solo cristiano no es cristiano». Este sentido más amplio de pertenencia mutua reconoce que las cosas que nos conectan son muchas, y que las que nos dividen son pocas y no pueden competir con nuestra hermandad.

Solemos creer que Jesús quiere un club de fans. Multitudes, adoradores entusiastas que claman por autógrafos y lo persiguen gritando: «Soy tu mayor admirador. Tengo todos tus discos. ¡Nunca me he perdido un concierto!». Pero como se dice a menudo, en el evangelio Jesús no dice: «Adórenme», simplemente dice: «Síganme».

Recuerdo que en CBN, la cadena de televisión cristiana, me entrevistó una mujer que, después de haber escuchado la larga lista de cosas que hacemos en Homeboy Industries, desde la eliminación de tatuajes hasta la capacitación laboral, el manejo de casos y el asesoramiento sobre salud mental, hizo una pausa prudente cuando terminé.

—¿Pero cuánto tiempo pasa cada día en Homeboy Industries alabando a Dios? —preguntó.

En realidad, no supe qué responder, pero terminé diciendo:
—Todo el maldito día.

De cualquier modo, ¿cómo es que la alabanza agrada a Dios? ¿O Dios en qué encuentra placer? Encuentra eso que sacie la sed de Dios. Ya que Él está en el extremo receptor de toda esta atención llena de alabanzas, tendría sentido preguntarnos: ¿en qué tipo de alabanza está interesado? ¿La exaltación es importante para este Dios «exhausto»?

Una vez recibí un premio en una cena de gala. Fui el segundo en recibir el reconocimiento, y la mujer que pasó antes que yo estaba sin aliento y parecía muy asustada al dar su discurso de agradecimiento.

—Primero, tengo que agradecer a Jesucristo —comenzó—, porque, después de todo, sin él no soy nada.

Y todo lo que yo pensaba era: video de secuestro. Me imaginaba a Jesús fuera del escenario, detrás de la cortina, sujetando al perro de esta mujer y apuntándole una pistola a la cabeza.

Me imagino a Jesús diciendo: «Así es, maldita sea, será mejor que me agradezcas».

Yo ya sabía que en mi discurso no iba a agradecerle a Jesús, no porque él sea menos importante para mí o para mi vida. Pero sé, con toda certeza, que Jesús no tiene interés en que haga eso. El solo hecho de decir: «Jesús, Jesús, Jesús, soy tu mayor admirador», lo hace mirar su reloj, golpear sus pies y pedir un *whisky* doble en las rocas con limón. A Jesús no le interesa el fanatismo, lo que le importa es que un discípulo lo siga de manera auténtica. Todos nos conformamos con decir «Jesús», pero Jesús quiere que estemos en el mundo como él está.

Si lees los Hechos de los apóstoles, no dice que la gente «oró en lenguas», sino que de repente pudo escuchar a esos extranjeros hablando «en su lengua materna». Como señala Marcus Borg, es «lo contrario de Babel»; cuando los idiomas se confunden y la división, las rivalidades y los malentendidos se vuelven comunes: aparece el polo opuesto a la hermandad, pero también es el comienzo de la posibilidad increíble de una reunificación. De alguna manera, la mayor alabanza a Dios no es hablar de forma ininteligible, sino hablar un lenguaje de inclusión donde se desmantelen las barreras, se amplíen los círculos y no quede nadie fuera. Nadie. Cuando la gente oye hablar en su idioma, se siente más atraída y bienvenida que nunca. Puedo afirmar que *esto* complace a Dios, porque es su única pasión.

Parecería importante evaluar qué tipo de alabanza es la correcta, esa que pone una sonrisa en el rostro de Dios. Creemos que la alabanza que se nos pide es mantener un estado de asombro constante ante Jesús. Pero personalmente no creo que él quiera que agitemos las hojas de palma ante su autoridad, sino que busquemos nuestra propia alabanza, que no estemos tan asombrados ante la autoridad de Jesús, sino que vivamos de forma asombrosa, utilizando nuestro propio poder para vivir como él lo haría.

Tenemos un retiro anual de cinco días para todos los aprendices de Homeboy, uno para hombres y otro para mujeres. No hace falta decir que Dios está encantado con el vínculo entre cuates que se observa al final del viaje. Cuando un grupo regresó a la oficina, le pregunté a Anthony y a Chino cómo les había ido en el retiro. Anthony es un pandillero afroamericano de 6.3 pies [más de 1.90 m] de alto y Chino, un pandillero vietnamita que mide cinco pies [poco más de 1.50 m]. Anthony colocó su brazo alrededor de los hombros de Chino y sonrió.

—No lo quise estrangular ni una vez —aseguró.

Dios está complacido.

Nuestra búsqueda de hermandad es impulsada por el motor de la esperanza. La gran Shirley Torres, directora de servicios de recuperación para Homeboy Industries, le dijo a nuestro equipo durante una crisis financiera: «Si perdemos la esperanza, no hay esperanza que darles». A través de la esperanza adquirimos la creencia firme de que nuestra vida puede funcionar. Solo juntos podemos darnos cuenta de que nuestros corazones son resistentes, capaces de abrazar una libertad y una compasión inagotables.

Horacio, un joven que está en un reformatorio, está a punto de salir en libertad y está muy asustado. Ya había estado a punto de salir antes, pero luego se metía en una pelea o en un alboroto que desbarataba sus planes. Una vez hizo esto durante una misa que di allí. Había llegado el momento de comulgar y, de repente, estaba volando por el aire, al estilo Matrix, golpeando a cada enemigo en la fila para comulgar. Los supervisores sacaron el gas pimienta y nos cubrieron a todos con una nube. Fue la única vez que me rociaron gas pimienta. Estábamos todos en el suelo, tratando de permanecer debajo de los gases, cuando me volví hacia el cuate que estaba a mi lado y le pregunté si creía que la misa había terminado. Me dice riéndose:

—Créeme. La misa terminó.

Me tomé una licencia de las misas en esa instalación mientras hacía quimioterapia y cuando regresé los chicos me recibieron con una foto enmarcada de los cuates (y la lata vacía de gas pimienta). Es una posesión muy valiosa para mí. Incluso Horacio se levantó y se disculpó públicamente por comenzar los disturbios que habían sucedido meses antes. Luego pidió hablar conmigo. Tenía mucho miedo de abandonar el único lugar al que había conocido como su hogar.

—¿A qué le tienes miedo? —le pregunté cuando estuvimos solos.

Después de un largo silencio, me miró.

—Tengo miedo de olvidar mi esperanza.

San Pablo nos dice que «la esperanza no decepciona». Esto siempre es un desafío para los pandilleros, ya que muchas veces no piensan que su propia muerte es un desperdicio, pero que sí lo es su vida.

—Soy un desastre en la escuela —me dice un joven.

Cuando le pregunto por qué, dice sin dudar:

—Sé por qué: no tengo un sueño. Hay que tener un sueño, algo que alcanzar.

La esperanza no es la seguridad de que todo saldrá bien, sino la confianza de que podrás encontrar un propósito y un significado luminoso, sin importar cómo se desarrollen las cosas. Cornel West escribe: «La profecía autorrealizada de la amenaza nihilista es que sin esperanza no puede haber un futuro, y que sin propósito, no puede haber lucha».

En Homeboy, no existe algo así como «esperanza falsa». Lo importante nunca es a cuántas personas ayudamos, sino la esperanza que les damos y que mantenemos para ellos. Nada de esto es un desperdicio o es falso. Una vez me topé en un reformatorio con un niño que conocía. Lo vi durante la misa y luego fui a verlo a su unidad.

—¿Por qué te atraparon? —pregunté.

—Por conducir imprudentemente, pero no lo recuerdo.

Saqué mi bolígrafo y un pedazo de papel para poder consultar la fecha de su juicio y demás cuando regresara a la oficina.

—¿Bajo qué te tienen?

—Medicado.

—No, hijo. Tu nombre.

Me respondió y terminamos nuestra conversación. Antes de irme, me dijo:

—¿Sabe cuál es mi problema, G? No tengo ningún destino. Otro cuate me dice:

—Siempre estoy pensando en el futuro, pero solo un paso adelante —y añade, con un tono de tristeza—. Estoy muy lejos de tener esperanza en mí mismo.

Este niño no anhela consejos. La esperanza está en la relación, en ver a Jesús y ser Jesús.

Una vez, una mujer programó una cita conmigo y, antes de que me diera cuenta, ella ya había comenzado a enumerar las infinitas formas en que Dios estaba decepcionado de mí y de Homeboy Industries.

—Como la Novia de Cristo, necesito decirte que este lugar no le da gloria a Dios —dijo.

Escuché hasta que ya no pude más.

—Mire —le dije amablemente—, gracias por su visita y por traerme este mensaje importante. Pero ¿ve a toda esa gente allá fuera? —señalé la recepción llena de pandilleros esperando para verme—. Solo me queda una hora para verlos a todos.

Ella se puso de pie malhumorada.

—Entonces, ¿me está diciendo que estas personas son más importantes que el Señor?

—No —le dije mientras la acompañaba a la puerta—. Jesús cree que ellos *son* el Señor.

Tenía hambre y me diste de comer. Tenía sed y me diste de beber. Fui miembro de una pandilla sin esperanza y me diste un poco.

Una vez, un cuate con cadena perpetua en la prisión de Lancaster me dijo que había descubierto que la compasión produce esperanza. Eso es exactamente lo que pretendemos hacer en Homeboy. Todos los días tratamos de crear un ambiente en el que suceda un proceso de sanación, un entorno en el que a uno lo ayuden en este proceso y pueda prosperar. Una comunidad tan cariñosa que todos sientan que llevan un paracaídas.

Hace más de veinte años, dos pandilleros de quince años estaban sentados en una esquina en la oscuridad de Aliso Village, parte de los proyectos de vivienda pública más grandes al oeste del Mississippi. En ese tiempo yo era el sacerdote de la parroquia católica más pobre de Los Ángeles, la Misión Dolores, y estaba en mi bicicleta por la zona, patrullando, supongo. Estos fueron los años violentos, la década de la muerte entre 1988 y 1998. Había enterrado a ocho hombres jóvenes en un periodo de tres semanas, asesinados por el triste motivo de la violencia entre pandillas. Había tiroteos día y noche.

Supongo que estos dos muchachos, Edward y Robert, estaban hablando de chicas, chismeando sobre el barrio, entretenidos con sus hazañas en la escuela y demás. Tal vez, en realidad estaban planeando su futuro, en lugar de sus funerales, a diferencia de muchos de sus compañeros. Luego aparecí yo, en mi bicicleta playera, y le di a cada uno el apretón de manos de los «cuates». Robert, quien moriría algunos años más tarde en un accidente automovilístico, era elocuente y dominante. Edward, que se convertiría en poeta, ya tenía ese tipo de alma, aunque aún no había descubierto el oficio. Ambos eran cariñosos a su manera, pero Edward lo era aún más, era entusiasta, divertido y extrovertido. Nada se interponía en su amor por ti. Estar con ellos era como tomar un elixir: siempre te sentías mejor. No sé cómo lograban eso, pero siempre lo hacían.

Uno de ellos, no recuerdo cuál, de repente dijo:

—Diablos, G, ¿por qué tú no eres nuestro padre?

Esto fue muy fácil de responder.

—En serio, por todo lo que amo, si ustedes dos fueran mis hijos, pensaría que gané toda la maldita lotería. Sería el hombre más orgulloso del mundo y estaría muy agradecido a Dios.

Hubo un silencio hasta que uno de ellos señaló frenéticamente hacia la oscuridad del estacionamiento y gritó:

—¿Qué es eso?

Me di vuelta, listo para enfrentar a «enemigos» armados llegando en una «misión». Esto sucedía mucho en esos días. A veces, los pandilleros que merodeaban me veían y se iban. Otras veces, no sabían que yo estaba allí y abrían fuego. Pero no vi ningún movimiento y el silencio permaneció intacto. Me volví hacia los dos chicos y rápidamente me di cuenta de su táctica para distraerme. Ambos cubrían sus rostros con las manos, llorando. Ellos encontraron su esperanza y su «destino» en las relaciones, en el amor como el único bálsamo confiable que existe.

Últimamente, las protestas dicen que sin justicia no puede haber paz. Otros suavizan el mensaje diciendo: «Si quieres la paz, lucha por la justicia». Y eso es cierto, pero creo que es más cierto decir: «Sin hermandad, no hay paz. Sin hermandad, no hay justicia. Sin hermandad, no hay igualdad».

En esos viejos tiempos vi a dos policías «acorralando» a tres pequeños cuates en la esquina de la Tercera y Gless. Me estaba preparando para la misa y abriendo las ventanas para ventilar la iglesia. En ese momento vi a nuestros cuates con los brazos sobre la cabeza, como viajeros pasando por las máquinas de escaneo del aeropuerto. Los policías los cachearon, pero no encontraron drogas ni armas. Aparentemente, esto molestó tanto a uno de los policías que se sacó la goma de mascar de la boca y la frotó en el cabello del más pequeño, un chico llamado Beto. Luego, el policía tomó de la acera la gorra de Beto y se la volvió a colocar en la cabeza, y la sostuvo unos segundos para que se le pegara antes de dejar que los tres muchachos siguieran su camino.

Al día siguiente, me reuní con el capitán en la estación de policía de Hollenbeck para informarle acerca de lo que había visto el día anterior. Cuando le pregunté con qué objetivo el oficial trataba así a uno niño, no necesitó mucho tiempo para formular una respuesta.

—Padre —dijo—, la estrategia es simple: hacer que la vida de los pandilleros sea lo más miserable posible.

Tuve que decirle que la vida *ya es* miserable para ellos.

Algunos años después, un cuate llamado Arnold me detuvo en los proyectos.

—Oye, G, ¿conoces a un agente Gómez? —preguntó.

Le dije que no y me preparé para una historia de terror, algo tan común en esas malas épocas. Pero, en lugar de eso, Arnold sonrió:

—Es un tipo firme.

Me dijo que la noche anterior, mientras caminaba por la calle Quinta, el área donde se compraba y vendía *crack*, fue detenido por un agente Gómez.

—¿Qué estás haciendo aquí? —le preguntó el agente.

Arnold permaneció en silencio.

—Mira —continuó Gómez—, solo quería felicitarte. Escuché que fuiste padre por primera vez. Felicidades.

Arnold se sorprendió de que este policía tuviera tanta información personal sobre él.

—¿Estabas allí cuando nació el bebé?

—Sí —dijo Arnold entrando en confianza—. Estuve allí cuando salió mi hijo. Fue increíble. Tuve que salir un par de veces, ya sabe, para vomitar. Pero estuve allí la mayor parte del tiempo.

—Bien por ti, mijo —dijo Gómez, dándole una palmada en la espalda—. Yo también estuve presente cuando nacieron todos mis hijos. Ahora, mira, este lugar en el que estás parado es bastante peligroso. Ya sabes que los tipos disparan desde esa autopista —Gómez señaló un poco más allá de donde estaban parados—. Si te atrapo cambiando *crack*, tendré que detenerte, y no puedes ser un buen padre para tu hijo si estás en prisión, o peor aún, muerto. Así que vete a casa. Serás un gran padre, tu hijo necesita uno.

Los budistas trabajan con el conflicto abandonando la lucha por completo. Eso fue lo que hizo el agente Gómez al acercarse con curiosidad. La defensiva era innecesaria. Ninguno de los dos era un «tipo malo» y se empoderaron mutuamente para superar las etiquetas que tenían de antemano uno acerca del otro. Mary Oliver dice: «Misericordia es tomar a la gente en serio». Ambos hombres hicieron esto.

Es cierto que podríamos hacer del mundo un lugar más justo, equitativo y pacífico, pero algo nos mantiene en ese miedo complejo y en la duda humana. A veces, la voluntad de estar en hermandad es difícil de encontrar, aunque, al mismo tiempo, es nuestro anhelo más profundo. Entonces, no importa qué tan enfocados estemos en nuestros objetivos individuales de paz, justicia e igualdad, ya que en realidad no serán posibles si no tenemos ese sentido fundamental de pertenencia entre unos y otros. Busquemos primero la hermandad de Dios y luego veamos qué sucede.

>———o———<

A veces, en colegios y universidades se obliga a los estudiantes a leer *Tatuajes en el corazón* en contra de su voluntad y luego me invitan a hablar en el campus. Toda la clase de primer año en mi alma mater, la Universidad Gonzaga, en Spokane, Washington, estaba obligada a leer mi libro, y yo no podía estar más agradecido. Así que cuando me invitaron llevé a dos cuates para que me acompañaran en el viaje. Cuando los anfitriones están dispuestos a pagar los gastos, siempre busco cuates, hombres o mujeres, que nunca antes hayan estado en un avión para acompañarme. Esa vez llevé a Bobby, un pandillero afroamericano que trabajaba en la panadería, y Mario, que trabajaba en otra de nuestras tiendas.

Volamos desde el aeropuerto de Burbank, que es una experiencia pequeña e íntima. Los aviones están a la vista desde enormes ventanales. No hay conductos sellados herméticamente por los que haya que transitar para subir, los pasajeros caminan por la pista y suben por las escaleras ubicadas en la parte delantera y trasera del avión. Probablemente, he viajado con cientos de pandilleros a lo largo de los años, pero ninguno estuvo tan aterrorizado por la experiencia como Mario. Estaba muy nervioso, sin aliento y colorado, y eso que aún no nos habíamos acercado al avión. Llegó nuestro avión y, mientras la gente descendía, se lo señalé a Mario, quien casi sostenía su cabeza entre las rodillas. Luego vi a dos azafatas subiendo las escaleras delanteras del avión, cada una con dos bebidas tamaño grande de Starbucks.

Mario salió un poco de su túnel del terror para preguntar con un gemido de pánico:

—¿Cuándo vamos a abordar el avión?

Señalé a las azafatas que llevaban el café.

—Bueno, tan pronto como estén sobrios los pilotos.

Lo sé. Probablemente no debí haber dicho eso.

Debo mencionar que Mario, un tipo alto, es de los más tatuados de nuestros aprendices, y en Homeboy Industries eso es mucho decir. Sus brazos están completamente cubiertos, el cuello ennegrecido con el nombre de su barrio y toda su cara está llena, excepto por el área inmediata alrededor de los ojos, la nariz y la boca. Nunca había estado en público con él y me sorprendieron las reacciones de la gente en el aeropuerto de Burbank. La gente lo esquivaba sin reparos y las madres tomaban a sus hijos con más fuerza. El desprecio era notorio y general.

Sin embargo, si le preguntaras a alguien en Homeboy quién es la persona más amable y gentil que trabaja allí, no dirán que soy yo. Sin duda, la respuesta será: Mario. Él es la prueba de que solo el alma que da ternura al mundo tiene alguna posibilidad de cambiar el mundo.

Como siempre sucede, generalmente me invitan a dar algunos discursos por la noche. Lo que no nos dicen es que organizan muchos eventos paralelos durante nuestra estadía. Varias clases, reuniones con grupos en un campus, etc. Les dije a Mario y Bobby que hablaran en esos eventos mientras yo me sentaba en el fondo de la sala. Aunque ambos oradores estaban bastante nerviosos, sus relatos siempre conmovían profundamente a las personas. Sus historias estaban llenas de violencia, abandono, tortura y abusos de todo tipo. Siendo honesto con Dios, si sus historias hubieran sido llamas, tendrías que mantenerte alejado, de lo contrario te quemarían.

Así que cambié las cosas para el discurso de la noche. Les pedí que se levantaran antes que yo y que cada uno hiciera una presentación de cinco minutos frente a esas mil personas para poder incluirlos en la sesión posterior de preguntas y respuestas. Ambos estaban nerviosos, especialmente Mario, pero contaron como expertos una versión editada de las historias de sus vidas que habían presentado ese día en diferentes salas. Yo di mi discurso habitual y luego invité a los dos cuates a unirse a mí en el podio.

Una vez que se instalaron en el salón, alenté a la audiencia a que simplemente levantara la mano y presentara sus preguntas sin la ayuda de un micrófono. La primera pregunta fue de una mujer cerca del frente. Se puso de pie y dijo que tenía una pregunta para Mario. El escalofrío que le atravesó la columna probablemente se pudo ver desde cualquier asiento. Él se acercó cautelosamente al micrófono.

—¿Sí? —gritó.

—Dices que eres padre —comenzó la mujer—, y tu hijo y tu hija están entrando a la adolescencia. ¿Qué sabiduría les impartes? —ella reformula—. Es decir, ¿qué consejo les das?

Ella se sentó y Mario quedó solo para asimilar sus palabras y encontrar una respuesta. Tembló un poco y cerró los ojos, y de repente soltó:

—Yo solo...

Tan pronto como esas dos palabras salieron de su boca, se retiró nuevamente al silencio. De pie junto a él, pude sentir, percibir y ver la oración que estaba formulando en su mente, que lo llevaba a un nuevo contexto emocional. Tenía los ojos cerrados y estaba agarrando el micrófono. Finalmente abrió los ojos y estiró el brazo hacia la mujer como si le suplicara.

—Yo solo... no quiero que mis hijos terminen siendo como yo —sus últimas palabras se sintieron apretadas y sus sollozos se hicieron más fuertes.

La audiencia se quedó en silencio y ninguno de nosotros hizo un movimiento para romperlo. La mujer se levantó de nuevo. Ahora era su turno de llorar mientras señalaba a Mario, con voz fría y segura, incluso entre las lágrimas.

—¿Por qué no querrías que tus hijos fuesen como tú? —dijo—. Eres gentil, amable, amoroso, sabio —ella se estabilizó y se plantó firmemente—. *Espero* que tus hijos terminen siendo como tú.

No pasó mucho tiempo hasta que los mil asistentes se pusieron de pie y comenzaron a aplaudir. La ovación parecía no tener fin. Todo lo que Mario pudo hacer fue sostener su rostro en sus manos, abrumado por la emoción.

Bobby y yo colocamos una mano sobre su espalda mientras sollozaba suavemente y una sala llena de extraños lo regresó a sí mismo. Mientras miraba a esta multitud, estaba claro que ellos también habían vuelto a sí mismos. Todo fue recíproco. Un «huérfano» guiándonos al nacimiento de una nueva inclusión. Un pandillero tatuado y desgarbado amigándose con su propia herida y alentando a esa sala a no despreciar a los heridos. Todos se reconocen a sí mismos en el quebrantamiento. Todos nosotros estamos en un grito de auxilio, no hay lugar para juzgar. Y así, en este momento, entramos en la plenitud de la hermandad.

Y creo que esa es la única alabanza que a Dios le importa.

El apóstol Juan escribe: «Si caminamos en la luz, entonces tenemos comunión unos con otros...».

Todos nosotros debemos hermanarnos y besarnos en los labios.

«Perder la tierra que conoces, por un conocimiento mayor; perder la vida que tienes, por una vida mejor; dejar a los amigos que amabas, por un amor mayor; para encontrar una tierra más amable que el hogar, más grande que la tierra».

Busquemos primero la hermandad y veamos lo que sucede.

Epílogo

L o que Martin Luther King Jr. dice de la iglesia, bien podría decirse de este libro: «No es el lugar del que vienes, es el lugar al que vas». Y la esperanza es que uno se vaya de este humilde intento de libro hacia la periferia y fomente la hermandad de Dios. Homeboy Industries siempre ha sido el «ahora, pero aún no». Lo que este lugar anuncia al mundo es un anhelo, y no una declaración de algo completamente formado. Nuestra comunidad siempre ha estado relacionada con un anhelo; siempre el deseo de desear.

Recientemente fui invitado a hablar con un grupo en West Covina llamado Hombres de Fe. La sala en el piso superior del edificio de los Caballeros de Colón estaba llena. Debajo nuestro estaban jugando al bingo. Los hombres que anhelaban algo más grande se reunieron para alimentarse de nuestro gran Dios a través de cada uno. Me sentí honrado al estar delante de ellos y me sentí edificado por su anhelo sincero. Vi a Danny en la audiencia. Había tomado un autobús desde el centro después de trabajar en el restaurante Homeboy, el único lugar donde puedes conseguir comida en el ayuntamiento de Los Ángeles. Con veintidós años, Danny estaba en sus mejores días. Después de casi diez años encerrado, entrando y saliendo de la cárcel, ahora se había adaptado a la comodidad permanente de ser su propia verdad y habitar su propia bondad. Lo llevé de regreso a Union Station después de la charla.

Le pregunté sobre el trabajo y sobre cómo iba la empresa. Me dijo:

—Nunca me vi como un tipo de «servicio al cliente»... pero ahora soy uno.

Repasa todo el menú para mí, y cuando llega a los sándwiches, dice:

—Son artesanales.

Me pareció una expresión extraña y encantadora para un ex pandillero.

Mientras me cuenta sobre su vida, su mujer, su hija y todo eso, dice:

—Estoy contento conmigo mismo, G.

Le digo que tiene muchas razones para estar orgulloso.

—Ah, esa no es una palabra que yo usaría —dice—. Orgulloso. Por un segundo lo pondera todo y luego dice:

—Gracias.

Detengo el auto frente a Union Station, donde Danny tomará un tren a su casa en el valle de San Fernando.

—Me gustaría poder darte algo de dinero —le digo—, pero estuve en la oficina todo el día en Homeboy... y los cuates me saquearon. No tengo nada en absoluto.

—Estoy bien, G —dice—. No te molestes. Tengo suficiente para tomar el tren y cinco dólares más... así que ahora puedo dárselos a alguien que los necesita más que yo —abre la puerta, saca un pie y respira hondo—. Tengo aire en mis pulmones —se vuelve hacia mí—. Estoy bien. Te quiero, G.

Todos partimos desde aquí para respirar el espíritu de Aquel que se deleita en nosotros y que siempre se sorprende cuando descubrimos emocionados nuestra propia bondad y luz. Deseamos con esperanza que nos alcancen quienes están en las afueras de nuestro círculo, esos que regalan sus últimos cinco dólares porque reconocen que alguien los necesita más que ellos.

De hecho, este es el lugar desde el que vamos.

Agradecimientos

S in duda, «el corazón agradecido transforma el mundo», por eso quiero reafirmar mi agradecimiento. Les recomendaría que lean las cinco páginas de «Agradecimientos» al final de *Tatuajes en el corazón*. Ahora, mirando esos nombres de familiares, amigos, hermanos jesuitas y colegas, aún estoy impresionado por su constancia. Mi amor por ellos no tiene límites.

Otra vez, quiero agradecer a mi representante, David Mc-Cormick, y a todo su gran equipo. A Jonathan Karp, el editor de Simon & Schuster. Al gran Jofie Ferrari-Adler y su equipo: Julianna Haubner, Stephen Bedford, Lisa Rivlin, Kathryn Higuchi y Erin Reback Cipiti. (¡Nos vemos en la apertura de Santa Anita!).

También quiero agradecer a otras cuatro personas:

Sergio Basterrechea, mi director espiritual, que me ha enseñado a encontrar a Dios «descansando en mí y a mí descansando en Dios».

Tom Boland, asistente y amigo incansable, fiel y siempre alerta.

Tom Vozzo, director ejecutivo de Homeboy Industries. No sé dónde estaríamos sin ti. Gracias por tu liderazgo, tu espíritu tenaz y tu gran corazón.

Y, finalmente, a Mary «Sol» Rakow, quien guió este libro con cuidado para que fuera más dulce y parecido a la mirada tierna de Dios. Has guiado mi corazón tanto como a este libro.

Sobre el autor

Gregory Boyle es fundador de las Industrias Homeboy en Los Ángeles, California. Siendo una empresa de más de treinta años, el origen de Homeboy se remonta a cuando Boyle, un sacerdote jesuita con títulos avanzados en inglés y teología, servía como pastor en la iglesia Misión Dolores, en ese entonces la parroquia católica más pobre de Los Ángeles, la cual además poseía la mayor concentración de pandillas en la ciudad.

Homeboy se ha convertido en la mayor iniciativa en intervención, rehabilitación y programa de reinserción de pandilleros del mundo, empleando y entrenando a convictos en un amplio espectro de emprendimientos sociales, además de brindar ayuda a miles de hombres y mujeres que cada año atraviesan sus puertas en busca de una vida mejor.

El padre Boyle ha recibido el Premio a la Paz en California, el Premio Humanitario del Año por la Fundación James Beard y la Medalla de Cuaresma de la Universidad de Notre Dame. Ingresó al Salón de la Fama de California, y fue nombrado "Champion of Change 2014" (Campeón del Cambio 2014) por la Casa Blanca. Asimismo, es autor de *Tatuajes en el corazón: El poder de la compasión sin límites*.